Para mi Hermana Leonor,
La maravillosa alma que Sembró
en mi el Amor por la música
y los libros, Hoy cuando puedo
ver lo importante de la estimulación
en la infancia, Quiero Agradecerte
desde una Consciencia de Amor
el gran aporte que ha Significado tu vida en mi vida

Con Amor.
Tu hermana
Rosita Vásquez

Cría. 16-02-2000

EDAF
MADRID

MELODY BEATTIE

Deja de hacerte daño

Una historia sobre el verdadero significado
del amor a uno mismo

CRECIMIENTO INTERIOR

Título del original:
STOP BEING MEAN TO YOORSELF: A STORY

Traducido por:
MARIO LAMBERTI

© 1997. Melody Beattie
© 1998. De la traducción, Editorial Edaf, S. A.
© 1998. Editorial EDAF, S. A. Jorge Juan, 30. Madrid.
Para la edición en español por acuerdo con Harper San Francisco, a division of
HarperCollins Publishers Inc.

Dirección en Internet: http://www.arrakis.es/-edaf
Correo electrónico: edaf@arrakis.es.

Depósito Legal: M.28.780
ISBN:84-414-0405-4

PRINTED IN SPAIN   IMPRESO EN ESPAÑA

Imprime Gráficas Cofás, S.A. - Pol. Ind. Prado de Regordoño - Móstoles

A mis lectores

Gracias por permanecer conmigo mientras he ido creciendo en mi arte y en mi vida. Como dice el anuncio de Virginia Slims: «Hemos llegado lejos, chicos.»

A Nelle, que falleció mientras se escribía este libro

Nelle, eras una fortaleza de coraje. Luchaste y venciste en numerosas y difíciles batallas. Te agradezco que me permitieras viajar en tu lugar mientras la enfermedad te mantenía confinada en tu lecho. Gracias por el tiempo que pasaste por mi vida.

Mi corazón se ha puesto en movimiento por una buena razón. Quiero decir que «Refiero mis obras a un rey». Ojalá mi lengua sea la pluma de un copista experto. Eres, sin duda, más hermoso que los hijos de los hombres. Sobre tus labios se ha derramado la gracia. Por tanto, Dios te ha bendecido para siempre. Ciñe tu espada sobre el muslo, oh poderoso, con tu gloria y esplendor. Y en tu gloria, sigue prosperando; cabalga sobre palabra de verdad, de humildad y de justicia, y tu diestra te enseñará cosas terribles.

Salmos 45:1-4,
Traducción de las Sagradas Escrituras según New World

Índice

Reconocimientos

ÉSTE HA SIDO EL MÁS EXIGENTE de los nueve libros que he escrito durante mi vida literaria. No podría haberlo realizado en solitario. Gracias a Dios, hubiera podido no hacerlo, pero es lo que me propongo realizar.

A lo largo de la escritura de este libro doy las gracias en forma especial a Dios, la Suprema Autoridad en el universo, a quien también he llegado a conocer como Alá.

Nichole y Will, os estoy sumamente agradecida a ambos. Nichole, tu personalidad e ingenio vibrantes le dieron vida a este libro y continúan haciendo que sonría mi corazón. Will, estoy muy contenta de que te estés convirtiendo en parte de nuestra familia. Te he amado desde la primera vez que te recibí en mi cuarto de estar, brillando con tu espíritu noble y tus maneras adorables. Bienvenido a bordo. Gracias por permanecer conmigo durante el viaje y a lo largo de este libro. Sois los amores de mi vida. Estoy sumamente orgullosa y encantada con vosotros dos. Una madre no podría pedir más.

Doctor Steve Shervin, le estoy agradecida por su paciencia y conocimientos y por su inquebrantable fe en este libro y en mí. Muchos de los conceptos que aparecen aquí vinieron de usted, o a través de usted. Gracias por todo.

Wendylee, no tengo suficientes palabras para reconocer qué excelente compañera y copiloto has sido a lo largo de este intenso, agotador y magnífico proceso que comenzó cuando, por primera vez (ingenuamente), concebí la idea de escribir este libro. Gracias por tu inconmovible apoyo y presencia mientras me hallaba recorriendo el Oriente Medio. Gracias por la calidad de tu consejo lleno de intuición. Gracias por las sonrisas. Gracias por ser tú, y por estar allí. Soy una mujer afortunada por tenerte en mi vida. ¿Quién fue el que dijo: «Todos tendríamos que tener una Wendylee?» Estaba en lo cierto. Todos deberíamos tener tanta suerte. Gracias por ser mi asistente, mi amiga, una editora, una consultora, y una piedra de toque espiritual y emocional.

Jhoni, gracias por ser un buen y leal amigo. Tus oportunas llamadas telefónicas y tu inspiración creadora me guiaron para superar algunos puntos difíciles de este libro. Gracias por haberte podido encontrar en todo momento. Gracias por llevar el espíritu de L. A. a mi vida y a este libro. Gracias por tu oportuno consejo personal: «Melody, detente. No es bueno para ellos, y es mezquino para ti.» Eres brillante, y posees un alma bella.

Toni, los verdaderos amigos son escasos en este mundo. Gracias por traer la amistad, el color y el aprecio por la belleza a mi vida. Fuiste tú quien me llamó su «Año Nuevo», y quien dijo: «He tomado una decisión. Nunca voy a volver a sentirme inferior.» Gracias por aportarme el título de este libro. Gracias por presentarme a Jerry, en Pasadena. Gracias por servirme de modelo de lo que es una mujer superior de buen carácter.

John Steven, desde el principio no hemos mantenido una relación tradicional madre-hijo, pero has estado siempre en mi corazón. Has luchado por ti mismo para superar muchos obstáculos, y has vencido. Estoy sumamente orgullosa de ti, y encantada con tu bella familia: tu esposa, Jeannette, y mi nieto, Brandon. Los tres habéis realizado una labor admirable.

Quiero expresar mi profunda gratitud y aprecio al pueblo de Marruecos, Argelia y Egipto, quienes me abrieron sus corazones y sus hogares. Essam, posees un dulce y noble espíritu. Tu devoto amor por Alá y tu fe en la existencia de los *poderes especiales* continúan impresionándome. Gracias por todo lo que me has enseñado sobre la vida. Envío mi especial agradecimiento a las mujeres de Egipto por abrir sus corazones a una extranjera. Fateh y Nazil, sois los héroes de Argel. Hicisteis inolvidable el tiempo que pasé en vuestro país. Deciros «Gracias» me parece insuficiente.

Finalmente, Shane Anthony, muchas gracias. Deseaba dejarte un gran legado. En cambio, fuiste tú quien me lo dejó. Uno de los muchos regalos que me diste fue tu tremendo espíritu de aventura. Fue este espíritu lo que me dio el coraje para llevar a cabo el viaje a Oriente Medio, para cabalgar con el mínimo temor por las montañas, entre terroristas, y a cabalgar sobre aquel burro por las calles de Giza. ¿Recuerdas aquella noche en la isla, cuando me tomaste la mano y me dijiste: «Vámonos.» «¿Adónde?», dije yo. «En busca de aventuras», replicaste. Esto fue hace seis años. Bueno, todavía te siento cogiendo mi mano y diciendo: «Vámonos.» No puedo imaginar que una mamá haya podido tener un mejor ángel de la guarda.

Nota al lector

EN PARTE, he basado esta obra en un viaje que hice por Oriente Medio en los primeros meses del 1996. Trata sobre una iniciación, un umbral por el que atravesé. Un umbral que muchos de nosotros estamos cruzando a medida que nos acercamos al nuevo milenio.

Podría ser etiquetado como otro libro de autoayuda, pero no es una obra de etiquetas. Ya tenemos suficientes. Son muy convenientes. Nos permiten hablar sin pensar. Nos permiten dar consejos carentes de compasión. Facilitan sobremanera la crítica y el juicio en un mundo donde ambos ocurren bastante fácilmente. No se trata de un libro en el que se señala con el dedo a nadie ni se le dice: «Te estás equivocando.»

Éste es un libro para aprender a ser más amables. Más amables con el mundo y con la gente que nos rodea; tanto como nos sea posible. Y lo que es más importante, es un libro que trata acerca de aprender el arte de ser más amables con nosotros mismos. Es un libro para aprender a amarnos a niveles sumamente profundos, a niveles de una profundidad tal como nunca antes alguien nos haya enseñado o alentado a amarnos. Trata acerca de examinar las diferentes formas en que nos torturamos, nos castigamos, abusamos y nos atormentamos a nosotros mismos. Y en el proceso de descubrir lo anterior, descubrir tal vez algunas de las formas en que atormentamos a nuestros seres queridos. Es un libro para aprender el arte de vivir y de amar, y el arte de aprender a vivir gozosamente en un mundo en el que muchos de nosotros se pregunta si eso es posible.

Lo he escrito para las personas que luchan y se sienten cansadas de ello; personas que han intentado todo lo que saben para sanarse a sí mismas y sanar sus vidas, y que siguen preguntándose en las solitarias horas de la noche si deberían hablar con su doctor sobre la conveniencia de seguir con el Prozac. Es para personas que viven tomando antidepresivos. Es para gente que se pregunta si pueden confiar en lo que han aprendido, en dónde han estado, o adónde se dirigen; personas que han leído todos los libros acerca de las maravillas del milenio que viene y todavía se encuentran a sí mismos tratando con la realidad de hoy; personas que citan constantemente el primer párrafo del libro de M. Scott Peck, *The Road Less Traveled*, donde dice que «la vida es difícil» porque esto es lo que mejor recuerda. Es para gente cansada de tanta jerga; gente cansada de trabajar tan duramente sobre sí mismos, para terminar dándose cuenta que están esencialmente lo mismo, excepto por pequeños cambios de circunstancias y revelaciones ocasionales que hubiesen logrado de cualquier forma; para gente que ya no cree que el césped es más verde en la otra orilla, sino incluso que ese pensamiento no los consuela, porque la idea de que muchas personas son miserables es, quizá, más amenazadora que la idea de que se hayan quedado aislados. Es para gente que ha estudiado las vidas pasadas, que se ha relacionado con lo psíquico, que ha asistido a todos los talleres posibles, que ha visitado regularmente a sus terapeutas, y todavía no capta lo que está sucediendo; gente que sabe cómo enfrentarse a sus sentimientos y se pregunta si ese proceso abrumador podrá llegar a su fin alguna vez; personas que han cedido el control de sus vidas, o una parte de él, a otros para, finalmente, encontrarse repetidamente desencantados cuando descubren que las personas a quienes acudieron resulta que saben menos que ellos. Es para gente que tiene destellos de que está desarrollándose algo revolucionario, espiritual y transformador, pero que no están totalmente seguros de lo que es.

He escrito este libro para los jóvenes, para personas de edad mediana, de edad madura y para los mayores.

He escrito este libro para mí misma.

En 1986 escribí un libro titulado *Codependent No More* («No seas dependiente»). En alguna medida, la obra presente es una continuación o conclusión de ese otro libro, una especie de *Codependent No More Some More*, («Son más los que no son dependientes»). Se trata de una guía para el guerrero espiritual, un manual para el próximo milenio, a medida que observamos y nos preguntamos acerca de los acontecimientos que han de venir.

Venga conmigo a la tierra de Sherezade, la fabulosa narradora de cuentos de *Las mil y una noches*. Deje que los mensajes que encuentre en las páginas siguientes le afecten en cualquier nivel posible. Espero —más bien, sé, *Inʃha'a Alá*— que se sentirá conmovido, invitado a una aventura en su vida de la misma forma que yo, por el poder misterioso, delicioso, apasionante de la luna creciente y la estrella, que iluminan el cielo en una tranquila noche de Navidad.

Melody

DEJA
DE HACERTE
DAÑO

Capítulo 1

La interrogación

—DÉSE PRISA —le dije al taxista, mientras avanzábamos por el pueblo de Giza.

Se volvió para mirarme.

—¿Dése prisa? —dijo, imitando las palabras con acento árabe.

Obviamente no comprendía.

—Sí, dése prisa. Rápido —le dije, haciendo con la mano un gesto como de apresurarse.

—Oh —asintió con la cabeza, como si lo hubiese entendido—. ¡Rápido!

—Sí, rápido.

Había sido una extraña experiencia permanecer las últimas tres semanas en países donde poca gente hablaba inglés, y mi mejor francés era un *«Bon soir, Pierre»* que sonaba como si estuviera pronunciando como un loro una de esas grabaciones de «aprenda a hablar francés». Eché una mirada final a las pirámides. Iluminadas para los espectáculos nocturnos, resplandecían místicamente sobre la línea del horizonte del desierto. Me arrellané en el asiento y cerré los ojos. Ahora mi chófer estaba *apresurándose* como era debido. El Cairo es una ciudad con dieciséis millones de habitantes hacinados en un área que albergaría un cuarto de millón de personas en los Estados Unidos. Viajar en coche allí es comparable a conducir por una de las grandes autopistas de Los Ángeles sin que hayan marcas de canales en el pavimento, y sin que existan policías de tráfico que impongan multas.

Ya no nos sorprenden muchos de los acontecimientos y situaciones, pero todavía no nos acostumbramos a ellos. Así es como yo me sentía respecto a la conducción en el Medio Oriente. Ya no me sorprendía, pero no estaba *acostumbrada a ello*. Me sentí más tranquila cuando arribamos al aparcamiento del aeropuerto de El Cairo. Me hallaba un paso más cerca de mi tierra. Lo mismo que me sentí convencida que debía realizar este viaje a pesar de la advertencia del Departamento de Estado en sentido contrario, ahora me sentía igualmente convencida de que había llegado el momento de partir. Había llegado incluso a sentir pánico cuando dejé el hotel, luego subí a un taxi para que me llevara al pueblo de Giza, para despedirme de Essam antes de dirigirme al aeropuerto.

Tenía planes para quedarme varias semanas más. Pude adivinar que Essam se sentía incomodado porque me fuera tan pronto. Pero había respetado mi decisión de partir sin hacer objeciones y formulándome sólo unas cuantas preguntas. A mi llegada a El Cairo, me había enseñado el significado de la frase árabe *Insha'a Allah*.

Me la explicó una tarde cuando me despedía de su hermana y su tía, y me decían que se sentían tristes por mi partida.

—*No se preocupen* —*les dije*—. *Volveré pronto. Se lo prometo.*

—*No digas eso* —*me corrigió Essam*—. *Nunca digas «Haré esto». En lugar de ello di: «Haré esto Insha'a Allah.»*

—*¿Qué significa eso?* —*pregunté.*

—*Si Dios quiere* —*me contestó.*

Mi estancia en Oriente Medio había sido una vacación de ensueño; bueno, más bien como una vacación de ensueño de una persona dependiente. Pero el mismo torbellino que me había traído hasta aquí me había llevado a cada uno de los lugares que necesitaba visitar para investigar sobre este libro. En este momento, investigar sobre el libro había llegado a significar investigar una parte de mí y de mi vida que requería de sanación. Hubo veces en que se percibía más como una iniciación que como una investigación.

Es algo extraño encontrarse en medio de un torbellino. Fuera de éste, observamos y juzgamos. A veces no logramos ni siquiera verlo ni sentirlo. Pero cuanto más nos acercamos a él, más nos atrae. Su fuerza comienza a atraernos a medida que estamos más y más cerca. En cierto momento nos succiona llevándonos hasta el centro de la experiencia junto con un despliegue caótico de emociones, hasta que en el propio centro encontramos la más pura y absoluta paz, aunque si somos conscientes, sabemos que nos hallamos en un torbellino. Entonces, de repente, es hora de marcharse. La energía se debilita. Comenzamos a sentirnos empujados hacia fuera —expulsados— pero todavía es necesario atravesar la arrolladora fuerza centrífuga. En ocasiones nos expulsa con fuerza; otras veces somos nosotros los que nos alejamos. Pero se trata siempre de un tira y afloja centrífugo, casi magnético. Es la energía del torbellino. Ésa es la forma con la que las fuerzas del universo operan últimamente. Esto es lo que nos mostró Dorothy hace bastante tiempo en *El mago de Oz*.

Los torbellinos no solamente destruyen como lo hacen los tornados. Los torbellinos no se limitan a succionarnos hacia dentro como lo hacen las olas del mar. También sanan, energizan, enseñan, potencian, purifican, iluminan e impulsan. Nos levantan en el aire y nos transportan a otro lugar. Llevan nueva energía en su interior. Rechazan lo viejo. No volvemos a ser los mismos tras una experiencia de torbellino.

Esta es la forma en que se ha realizado este viaje. En cada lugar que el torbellino me ha transportado —desde los museos de París, hasta la *casbah* en Rabat, y hasta las montañas infestadas de terroristas de Argel— he recibido una lección, una importante lección. Cada experiencia que he tenido me ha acercado al eslabón perdido que estaba buscando: vacilante, con mis medias caídas sobre los tobillos, atravesando la populosa *souk* de El Cairo a las dos de la madrugada; montando sobre un burro por las calles del pueblo de Giza; galopando sobre un caballo a través del desierto con el propósito de meditar en el interior de una pirámide.

Y lo mismo que los elefantes emiten un rumor estomacal para llamarse unos a otros la atención sobre los misterios de la vida, la gente que conocí y de la que aprendí me había llamado la atención a mí: Fateh y Nazil en Argel, la mujer «encerrada en la caja» en El Cairo, y mi nuevo amigo Essam.

Pero ahora el torbellino me estaba expulsando. Había llegado la hora de irse.

A medida que recorríamos el camino hasta el aeropuerto, un pensamiento de tranquilidad se apoderaba de mí. *No se ha terminado todavía.* Traté de ignorarlo. Deseaba irme; deseaba regresar a casa.

Llegué hasta la entrada del aeropuerto. En la terminal de El Cairo, la primera revisión de seguridad se realiza en la puerta. Coloqué mi equipaje sobre la cinta transportadora y entré en el edificio. Tres jóvenes se apresuraron a retirar mis maletas de la cinta. Cada uno de los jóvenes tendió la mano esperando una propina. Dejé unas pocas libras egipcias en cada mano, cargué mi equipaje en un carrito y comencé a empujarlo por toda la terminal. Noté que otro hombre se acercaba hasta donde yo estaba.

—Yo también —dijo, sacando dinero de mi bolso.

—¡Estése quieto! Me está molestando —grité en voz baja, de la forma que uno grita en público cuando no desea que nadie más sepa que lo está haciendo.— Usted ni siquiera tocó mi equipaje. Váyase de aquí.

Me tranquilicé cuando llegué a un segundo puesto de verificación un momento después. Había planeado originalmente volar hasta Grecia, y luego regresar a casa desde allí. Debido a mi cambio repentino de planes, había modificado la ruta, y ahora pasaría por Tel Aviv. Mi vuelo a esa ciudad partía en media hora; la fila que tenía delante avanzaba rápidamente. Me quedé tranquila. Estaba en camino.

De repente se me acercaron un hombre y una joven de largos cabellos negros y ojos penetrantes, de unos treinta años. Ambos llevaban uniforme.

—Venga con nosotros, por favor —dijo la mujer de pelo negro.

Me condujeron hasta una mesa en una zona del salón apartada del movimiento de la terminal. Colocaron mis maletas sobre la mesa. El hombre se retiró hacia atrás. La mujer fue la que habló.

Comenzó de forma lenta; luego siguió aumentando en intensidad.

—¿Por qué viaja a Tel Aviv? ¿Sabía usted que el avión había sufrido retraso? ¿Por qué cambió de planes?

La mujer se parecía a alguien que uno podría encontrar trabajando como recepcionista o caminando por un recinto universitario. Pero no actuaba de esa manera. Parecía mirar a través de mí hacia algún punto a mis espaldas que sólo ella podía ver. Cada una de sus preguntas la llevaba a la siguiente. Su apariencia desinteresada y ausencia de emociones —tanto en sus preguntas como ante mis respuestas— se percibía como el disfraz de pasividad de un salvajismo aprendido.

A cada una de mis contestaciones, replicaba simplemente: «Ya veo.» Utilizaba las palabras del modo en que la mayoría de la gente utiliza los cuchillos o las pistolas. Lo está haciendo bien, pensé. Realmente bien. Podría haber aprendido unas cuantas cosas de ella sobre cómo arrancar la verdad de las personas, especialmente en aquellos años en que estuve casada con un alcohólico. El hombre no hablaba conmigo, pero de vez en cuando ella se volvía hacia él y conversaban algo entre ambos en un idioma que no podía comprender. En cierto momento traté de desviar la conversación.

—Uno se siente bien al conversar con alguien que habla inglés tan fluidamente —dije.

—Habla muy bien el idioma. ¿Ha vivido en Norteamérica?

Respondió rápidamente, sin emoción ni explicación, que había pasado algún tiempo en Canadá, y de inmediato retomó el interrogatorio.

—En sus billetes se puede ver que los compró poco antes de su salida de los Estados Unidos. ¿Pór qué decidió en tan corto tiempo hacer un viaje de esta magnitud?, preguntó la mujer. «¿Por qué tuvo que viajar sola a todos esos lugares? ¿Qué está usted haciendo en estos países?»

No comprendía muy bien el remolino que me había arrastrado a esta tierra plena de secretos. No comprendía lo que estaba sucediéndome en este momento. Pero comencé a desvelar el misterio ante ella lo mejor que pude.

Capítulo 2

La luna en creciente
y la estrella

ABRÍ LAS CORTINAS de la habitación de mi hotel y me quedé mirando por la ventana la extraña combinación de modernos edificios altos cubiertos de hollín y de antiguas tiendas árabes que forman el paisaje urbano de Casablanca. El ruido proveniente de las radios, de las bocinas de los coches y de las sirenas de los barcos creaba una cacofónica e irritante sinfonía. Mujeres ocultas bajo los velos y hombres de ojos negros abarrotaban las estrechas aceras, discurriendo con rapidez, apresurándose hacia algún lugar.

Era el comienzo de mi viaje. Me hallaba en el corazón de la ciudad, desde donde se dominaba el puerto sobre la costa del Atlántico. Casablanca es el puerto más grande de Marruecos, la capital económica del país, y la cuarta ciudad más grande del mundo árabe. Ilusiones románticas habían llenado mi cabeza en relación con la belleza exótica que habría de encontrar aquí. Me había imaginado escenas como las que se encuentran en los libros de viajes —estructuras de piedra con objetos de cerámica, plantas, y la utilización de colores vibrantes, tan típicos de esta parte del mundo.

Casablanca tenía todos esos colores que yo había anticipado. Una combinación exótica de colores naranja, rojo, dorado, azul y verde decoraban mi habitación del hotel. Pero Casablanca no era lo que yo había esperado. Una pobreza rayana en la desesperación impregnaba la mayor parte de esta ciudad portuaria, incluyendo este hotel de cuatro estrellas. Las vibraciones que emanaban de este lugar eran tan extrañas, tan exóticas, tan densas, que mi cuerpo apenas podía adaptarse a ellas.

Hacía dos noches que había llegado a Casablanca desde París. Había oscurecido cuando llegué. En el camino desde el aeropuerto noté que los conductores, aunque era de noche, no se molestaban en utilizar los faros, excepto momentáneamente cuando se aproximaba algún coche que venía en dirección opuesta. Esto ahorraba batería.

París había sido todo lo que había imaginado que podía ser; por todos los relatos que oí acerca de mis orígenes franceses, por los años que estuve estudiando francés en la escuela secundaria, y por todas las veces que había visto la Torre Eiffel en revistas y películas.

Elegí lo que pensaba que sería un buen hotel para mi estancia en esa ciudad. Pero cuando el encargado me abrió la puerta de mi habitación, me sentí abrumada instantáneamente. La habitación parecía tan formal, tan bella, tan elegante y refinada. Tan francesa. Era como un palacio. Estaba decorada con muebles de estilo Luis XV. Un óleo con marco dorado se hallaba suspendido sobre la cama. Todos los ornamentos de la habitación tenían un ribete dorado. Me quedé inmóvil y estupefacta, con la boca abierta.

—¿C'est bien? —preguntó el encargado.

No tenía ni idea de lo que quería decir; ninguna en absoluto. Traté de encontrar algún tipo de recuerdo de una clase de francés de hace treinta años, pero no me fue posible.

Pasé la mayor parte de mi primer día en Francia en mi habitación, descansando del viaje desde los Estados Unidos, ajustándome al cambio de horario, y sintiéndome intimidada por el lujo. Luego, cogí algunas revistas y estudié los espectáculos. Tenía que dejar París al día siguiente, pero estaba resuelta a ver algunos lugares antes de partir.

En el camino hacia el aeropuerto para viajar a Casablanca hice una visita rápida. Me senté en un borde de piedra desde donde se divisaba una vista panorámica y miré hacia lo lejos a través de la neblina invernal, a la Torre Eiffel. Recorrí los salones del Museo del Hombre, una muestra histórica especial. Este museo está dividido en secciones que representan los diversos países de África, el continente en el que numerosos antropólogos creen que tuvo su origen el ser humano en este planeta. Cada una de las exhibiciones de los distintos países muestran escenas sobre los mismos hechos por los que los pueblos han estado luchando desde el principio del tiempo: el nacimiento, la salud, el matrimonio, la familia, la religión, la adivinación y la muerte. Más tarde, en mi camino de regreso al aeropuerto, hice una visita rápida al Louvre, apreciando someramente algo del arte más impresionante del mundo, a medida que el torbellino me hacía penetrar más profundamente dentro del corazón de esta visita.

Había elegido París porque deseaba comenzar por un buen principio, que me ofreciese un poco de distinción y comodidad, ya que esperaba que mi viaje por el Oriente Medio sería muy azaroso y, probablemente, carecería de comodidad. Ahora, mientras miraba por la ventana de mi habitación en Casablanca, parecía como si hubiera estado en lo cierto. No estaba buscando comodidades aquí, de todos modos. Estaba buscando algo más.

Había planeado quedarme unos cuantos días en esta ciudad. Dejaría el equipaje en este hotel y volaría a Argelia mañana, llevando solamente una mochila. Me quedaría en Argelia unos cuantos días, puede que una semana. No lo decidiría hasta que no llegara allí y viera lo que sucedía. Luego regresaría aquí, cogería mi equipaje, y seguiría hasta El Cairo. De allí, posiblemente me dirigiría a Grecia. Excepto por lo que respecta al final de mi viaje en Grecia, había hecho reservas de hotel para una noche, al menos en cada una de las ciudades que pensaba visitar. Deseaba ser flexible y dejar que el ritmo de cada país y el ritmo de los acontecimientos que se presentaran guiaran mis planes.

Cerré las cortinas y bajé en el ascensor hasta la recepción del hotel. Fuera del recinto que servía de restaurante y bar, un personaje a lo Humphrey Bogart me sonrió y saludó con la cabeza para darme la bienvenida, haciendo oscilar su cabeza como una marioneta humana. Entré en ese lugar y tomé asiento en el bar, pidiendo un café con leche.

Miré alrededor del salón. Además de mí había otras dos personas incluyendo el que atendía el bar. Éste vestía un traje azul marino de chaleco corto, que recordaba un uniforme militar. Una mujer elegante de pelo corto y negro, que llevaba unos zapatos de tacón alto, estaba sentada en un sillón a mi izquierda. Parecía como de unos treinta años; posiblemente era italiana. Con frecuencia miraba hacia el pasillo de entrada. Imaginé que estaba esperando a alguien.

Cuando el empleado me trajo el café, reparé en la leche, dudando por un momento. Quería tener cuidado con lo que comía y bebía durante este viaje. Demonios, tenía cuidado hasta en casa. Pero ellos hervían el agua del café. No habría que preocuparse. Añadí la leche caliente a la taza medio llena con el café exprés.

—Esto es muy tranquilo —le dije al empleado del bar.

—Estamos en el Ramadán —me dijo.

Aunque había oído sobre el Ramadán, no había pensado que ocurriría durante mis viajes. El Ramadán, en los países del Islam, significa un mes de ayuno. Es el mes en el que los mahometanos creen que Dios —o Alá— le envió el Corán a Mahoma, el profeta y fundador de la fe islámica. La religión islámica prohíbe a los mahometanos comer, beber y fumar, y tener actividades sexuales durante las horas del día —desde el amanecer hasta el ocaso— durante el Ramadán. Éste termina cuando una fuente confiable avista la luna nueva. Los mahometanos consideran que éste no es un tiempo de privaciones, sino de obediencia a Dios.

—¿De dónde es usted? —me preguntó el empleado.

Le dije que era de Estados Unidos, sintiéndome halagada por su pregunta. Había pensado en mezclarme, en no quedarme aparte como una turista estadounidense recorriendo, hasta agotarse, todo el Medio Oriente. Para lograrlo, mi amigo y peluquero, Ángelo, me había cortado el pelo dejándomelo de menos de cinco centímetros de largo, y me lo había teñido de un color casi tan negro como el betún. Había elegido intencionalmente una vestimenta oscura y poco llamativa para este viaje.

—¿De negocios o por placer? —preguntó el empleado.

—De negocios —le dije—, soy escritora.

—¿Qué le trae por aquí? —preguntó.

—Una novela —Le respondí.— Pero no es eso lo que me trae *por aquí*. Estoy en Marruecos para irme acostumbrando y para tener un lugar donde dejar mi equipaje. Mañana voy a coger un avión para Argel.

Me equivoqué con la respuesta, pensé, al ver la mueca en su cara. A estas alturas ya estaba acostumbrada a esa expresión. La provocaba siempre que le decía a alguien que me iba a Argelia. Ya había observado esa expresión el día de Navidad, cuando me hallaba en mi casa, en Los Ángeles, al comunicarle a mi amigo Maurice, un francés de Marruecos que vive en los Estados Unidos, que pensaba ir a Argel. La mueca de desaprobación ya no me molestaba. No había permitido que me detuviera cuando planeé este viaje. Y ahora por supuesto que no iba a dejar que me lo impidiese. Saqué un puñado de *dirhams*, la moneda marroquí, pagué el café, salí a la calle y tomé un taxi.

—Lléveme al *souk*, por favor —le dije al chófer.

—¿Al *souk*? —preguntó el chófer, mirándome como si estuviera loca.

—Sí. Al *souk* —le dije.

Me habían hablado sobre los *souks* antes de comenzar mi viaje. Se trataba de mercados enormes, ciudades dentro de una ciudad, antiguas poblaciones árabes incrustadas en medio de edificios urbanos. Oí decir que algunas personas pasaban toda su vida en los *souks*. Nacían, vivían y morían allí. Un agente de viajes me había dicho que algunas personas entraban allí y nunca más se sabía de ellas. También había oído historias acerca de que en los *souks* existían unos maravillosos mercados al aire libre donde vendían hierbas, ropas, alimentos y artículos de plata. Deseaba verlos por mí misma.

El chófer aparcó el coche en una intersección donde las calles comenzaban a estrecharse hasta convertirse en un solo canal.

—Ya llegamos —me dijo.

—Espéreme aquí —le pedí—. Volveré en una hora.

Se sonrió como si supiera algo que yo no sabía.

Sólo tardé cinco minutos. Había caminado solamente un par de calles cuando tres hombres, probablemente de unos veinte años, comenzaron primero a seguirme, luego se fueron acercando a mí. Crucé la calle apresuradamente y corrí de regreso al taxi, abriéndome paso por entre la gente que se apretujaba, los ciclistas y los viejos carros de madera.

—Ya estoy de vuelta —le dije—. Lléveme de regreso al hotel, por favor.

Regresé a mi habitación y comencé a rehacer mi equipaje, preparándome para mi viaje a Argel a la mañana siguiente. Había viajado mucho, tanto en los Estados Unidos como alrededor del mundo. Algunas veces había ido en viaje de placer. La mayoría de las veces fue por negocios. En 1989, durante uno de los conflictos en América Central, había ido a Honduras, junto con personal de los medios de información de Minnesota. Era parte de mi trabajo como periodista para el diario de la ciudad en la que vivía. Habíamos ido en avión hasta Panamá y Honduras en un bombardero de la Fuerza Aérea. Un general de cinco estrellas nos había ofrecido el viaje. Nos mantuvieron bajo escolta de guardias armados durante nuestra permanencia en un hotel. De allí nos llevaron en helicóptero hasta el corazón de Honduras.

Estaba *acostumbrada* a salir para encontrar la historia.

Sólo que esta vez estaba yendo sola.

Bajé mis maletas hasta la recepción del hotel y pedí al encargado que me guardase mi equipaje durante unos días. Le di las gracias, metí los resguardos en el bolso y regresé a mi habitación. Parecía como si no fuese a suceder nada importante aquí. Esta ciudad no parecía estar abriéndose a mí. Creo que yo tampoco esperaba que lo hiciera. Sólo había intentado que me sirviera como un lugar seguro para guardar mi equipaje, mientras volaba al no tan seguro país vecino de Argelia.

Al ponerse el sol, los cánticos de las plegarias vespertinas se elevaron desde las mezquitas esparcidas por toda la ciudad, llenando el aire de una especie de incienso verbal. Los rayos relampagueaban, estallaban los truenos, y el sonido sibilante del viento se mezclaba con las oraciones y los cánticos. Entonces el viento comenzó a soplar tan intensamente que las ventanas vibraban y se sacudían.

Recuerdo la primera vez que el viento había soplado, el viento del torbellino que me trajo hasta aquí. Fue la noche después del día de Acción de Gracias. Se trataba de un viento extraño, el Santa Ana. Sopla muy intensamente, pero es cálido. Es diferente a cualquier otro viento que haya sentido.

Al día siguiente descubrí que el Santa Ana había soplado tan fuertemente que arrastró mi cubo de la basura lejos de donde lo había dejado. Mientras anduve por la calle de detrás de mi casa buscándolo, mi hija, Nichole, entró en el garaje con su novio, Will.

Aprecio a Will. Trabaja de actor en Los Ángeles. Es joven, pero ha alcanzado ya un gran éxito. Tiene un buen espíritu y un buen corazón. Me gustó desde la primera vez que Nichole lo trajo a casa y me lo presentó.

Ese día, Nichole y Will estaban radiantes cuando se bajaron del coche. Tenían algo importante que decirme.

—Tuvimos una gran experiencia la noche pasada —dijo Nichole—; creíamos que íbamos a Venecia a cenar con los amigos de un amigo. Resultó ser algo más que eso, sin embargo. Se encontraba allí el Maestro Huang. Es un santón especial, nacido en Taiwán. Solamente viene a los Estados Unidos una o dos veces al año. Nos llevó a Will y a mí a un lado, nos habló durante un rato, y nos preguntó si deseábamos recibir nuestro Tao. Le dijimos que sí. De modo que asistimos a esa bella ceremonia y conseguimos nuestro Tao. También conseguimos los Tres Tesoros, los tres secretos para la vida. Pero no te puedo contar nada sobre ellos. Prometimos no hacerlo.

Nichole trató de explicar más acerca de esta ceremonia misteriosa y su significado exacto, pero no pude comprenderlo.

—En términos generales, obtener el Tao significa que nuestro karma ha terminado —dijo Nichole; que no tendremos que reencarnar o repetir el ciclo otra vez, nunca más.

Nunca he comprendido el karma. No sé. No en el modo en que un periodista necesita saber: si la reencarnación existe o no. Algunas veces pienso que si nos cuidamos tanto de reciclar las latas, probablemente Dios desee reciclar las almas. En cuanto al karma, cualquier cosa que sea o que signifique, me ha sonado siempre como un trastorno. Y, por supuesto, hubiese querido acabar con el mío.

Una vez más eché una mirada arriba y abajo de la carretera, como si mirar con intensidad pudiese traerme el cubo de la basura de regreso. Luego me rendí y me dirigí a la escalinata que llevaba hasta la casa.

—Cuéntame los secretos —le dije a Nichole.

Ella no me hizo caso.

—Soy tu madre —dije con firmeza.

Siguió sin hacerme caso.

—Se trata de...

—Olvídate, mamá —dijo—. No te lo voy a decir.

Dejé de pensar en el torbellino, en los Tres Tesoros, en el Maestro Huang, en el karma y en mi cubo de la basura durante un rato.

Al aproximarse el fin de año estaba muy ocupada con las fiestas y con los preparativos de mi viaje. No estaba emocionada, al menos no en la forma en que nos sentimos cuando vamos de vacaciones. Sabía, entonces, que este viaje iba a ser intenso. Mi plan era investigar sobre mi próximo libro, pero sabía desde el principio que se trataba de algo más que una investigación. El viaje era una parte importante de mi vida. Se trataba de algo que tenía que hacer.

Cuando vi aquella luna en creciente y la estrella en el cielo, en la noche de Navidad, supe con certeza que tenía que hacerlo. El periódico, la radio, todos los invitados que habían venido a mi casa el día de Navidad, estaban comentando sobre esa luna en cuarto creciente y la estrella en el cielo. El periódico lo señalaba como un fenómeno: Venus besando a la Luna.» No sabía mucho sobre ello; lo único que sabía era cómo me sentía cuando salía al exterior y veía esa bella luna plateada con la brillante estrella muy cerca de sus puntas.

Tan sólo había sido la noche anterior; la Nochebuena, cuando le había contado a Nichole la historia de la Navidad. Nos dirigíamos hacia Santa Mónica en el coche para hacer algunas compras de última hora. Ella quería comprar un libro para Will, y algún que otro regalo pequeño. Ambas nos sentíamos un tanto deprimidas.

Las fiestas han sido un tanto difíciles en nuestra familia desde que falleciera mi hijo Shane. Las fiestas en esta ocasión no habían sido la excepción. Mientras una música emocionante se escuchaba en la radio, un triste y palpitante dolor se apoderó de las dos. Ésta era nuestra quinta Navidad tras la muerte de Shane. En esta ocasión el dolor no nos volvió a tomar por sorpresa, pero todavía no nos habíamos acostumbrado a él. Deseaba animar a Nichole; deseaba que las dos encontráramos algún significado, incluso en el dolor. De modo que comencé a hablarle mientras avanzábamos por la autopista de la costa.

—Ya sabes, todos hablan acerca de la historia de la Navidad, y cuentan acerca de que no había ningún cuarto en la posada, y sobre todos los acontecimientos que tuvieron lugar ese día —le dije—, pero también sucedieron algunas otras cosas más, que son parte importante de esa historia. ¿Sabías que hubo tres hombres —a los que llamamos sabios o Magos— que miraron hacia el cielo y vieron una estrella? Tuvieron suficiente fe en sí mismos, en sus corazones, en Dios y en el universo, como para comenzar un viaje a través de tierras lejanas para tomar parte en algo que no podían ver, que no podían conocer, que no podían tocar; acerca de lo que ni siquiera podían leer. Simplemente tenían una percepción, un sentimiento. Sabían cuán relacionados estaban con el universo. Sabían que esa estrella significaba algo importante. Conocían la estrecha relación de Dios con el universo, con el mundo que los rodeaba. De modo que iniciaron el viaje a Belén; un viaje que les llevó meses, puede que años, a través del desierto.

—Sí, el día en que Jesús nació es importante. Y también lo es el mensaje sobre tener fe y sobre honrar nuestra relación con el *universo y el modo en que él nos habla. Ésa es la historia de los tres sabios, y de cómo debieron haberse sentido, y lo que significó para ellos hacer ese viaje. Éste es un relato de Navidad, también —concluí suavemente.*

Numerosos incidentes y acontecimientos me habían conducido a realizar este viaje y me impulsaron durante el mismo. Había sabido durante mucho tiempo —de esa forma pasiva en que sabemos las cosas— que algún día iría a viajar por África, si bien nunca había sabido exactamente cuándo o dónde. A medida que se acercaba el tiempo para iniciar el viaje, mi percepción de conocer el momento y el lugar adecuados se fue volviendo más clara.

El año pasado, para investigar sobre un libro sobre la meditación, en el que me hallaba trabajando, había cargado mi ordenador en el Jeep y había viajado durante varios meses alrededor de los Estados Unidos. Aquel viaje había sido una investigación dirigida a aquel libro, y una prueba para ver si el universo habría de danzar conmigo y me contaría la historia que estaba tratando de escribir y aprender.

Y así fue. Aquel viaje me preparó para éste.

Ahora me hallaba aquí como periodista, narradora de historias, y estudiante. Estaba a punto de probar mis capacidades en el Medio Oriente.

Al mirar hacia atrás, creo que mi vida toda me ha conducido a realizar este viaje, o al menos los últimos diez años. Era como si hubiese estado buscando el eslabón perdido. Había estado buscándolo desde que escribí *Codependent No More*. A pesar de lo que hice o de lo que traté de hacer, no pude encontrarlo. Sospeché que este viaje me daría la clave hacia ese eslabón perdido.

Entonces, el día de Nochebuena, cuando los vientos de aquel antiguo torbellino comenzaron a soplar otra vez, supe con certeza que este viaje me conduciría hacia lo que estaba buscando.

Aquella noche fui a una fiesta durante un rato. No me sentía muy sociable, de modo que decidí irme pronto de ella. Para entonces, el viento soplaba tan fuertemente que apenas podía permanecer de pie mientras caminaba hasta mi coche.

Regresé a casa e hice una lista de todos mis resentimientos, temores, traiciones y sueños perdidos. Arrojé las hojas a la chimenea y las prendí fuego. Me senté en el suelo con las piernas cruzadas y contemplé cómo mi lista se convertía en cenizas.

Momentos después, todas las luces de la casa se apagaron. Entonces el viento soplaba tan intensamente que las ventanas vibraban y la casa se sacudía, y mi pájaro, Max, se cayó de su palo. Abrí la jaula y le dejé que se encaramara sobre mi hombro. Busqué una linterna, la encendí, y la puse sobre la mesa. Simplemente nos sentamos allí —mi pájaro y yo— en medio de aquel suelo, escuchando cómo los vientos sacudían la casa.

A la mañana siguiente, cuando salí a la calle, mi cubo de la basura había desaparecido. Los vientos se lo habían llevado otra vez.

Lo que no pude comprender por completo, o comprender en absoluto, fue que el 25 de noviembre de 1995, ocasión en la que esos vientos habían soplado con anterioridad, se había reunido un grupo de gente en una sala interior de una pequeña casa en Venecia, California. La casa se encuentra a sólo un par de calles de la rugiente costa del Pacífico y del famoso paseo de tablones que bordea el litoral, en Venecia. Mientras que los patinadores sobre ruedas se deslizaban cerca de las tiendas al aire libre, evitando a propósito las miradas de los desharrapados mendigos, el Maestro Huang concedía ceremoniosamente el Tao a las doce personas que se hallaban sentadas sobre sillas plegables de metal en la sala interior.

Primero llamaron a los hombres, luego a las mujeres, para que se acercaran al frente de la sala. Cada persona se arrodillaba en el lugar que le indicaba la asistenta china del Maestro Huang. El altar resplandecía lleno de velas. Una chica de unos diecinueve años se colocó modestamente en la fila de detrás de las mujeres que estaban arrodilladas ante el altar. La asistenta china la hizo que cambiara de lugar con otra de las mujeres y la colocó en el lugar de honor, frente al incensario. La chica tomó el incienso y lo echó, en el momento apropiado, en el recipiente, según le habían indicado que lo hiciera.

El Maestro Huang recitó una serie de liturgias en chino. Vacilando ante las palabras, los participantes repetían estas frases sagradas chinas. El Maestro Huang seguidamente anunció a los participantes que ahora sus nombres habían sido registrados oficialmente en el Libro de la Vida, y que acababan de recibir su respectivo Tao. Continuó diciendo que igual que las velas del altar ardían con gran brillantez, de igual forma lo hacía la luz en el interior de cada uno. Las personas que habían recibido su Tao, incluyendo la chica de diecinueve años, regresaron a sus asientos.

Cuidadosamente, con objeto que se pudiera comprender su acento chino, el Maestro Huang dio seguidamente a cada participante los Tres Tesoros. Situó el origen de éstos en los tiempos bíblicos. Entonces todos los que se hallaban en la sala hicieron un voto de secreto respecto a esos Tesoros.

Antes de la conclusión de la ceremonia, el Maestro Huang le dijo a cada participante que ahora había recibido las llaves del Reino de los Cielos: para después de la muerte y en este mundo. Su karma se había extinguido. La reencarnación cesaría. Y que habían alcanzado y conquistado el estado que los antepasados denominaban iluminación.

Era un signo, un don de los tiempos.

En este momento, reposando sobre la cama en el hotel de Casablanca, escuchando las oraciones del Ramadán mezcladas con el rugido del viento, supe que había elegido estar aquí —en el Medio Oriente— en un tiempo espiritualmente poderoso. Esto no era por accidente. Era el momento apropiado para recordar, y confiar, en el porqué de hallarme aquí.

Cuando mi amigo Ángelo me estaba cortando el pelo, había llamado a esta excursión «una aventura». Pero no se trataba de un viaje descabellado. Era algo más que eso.

Algunas veces en la vida nos sentimos impulsados a hacer cosas que no parecen racionales. Este viaje era una de esas cosas. La gente se extrañaba y decía que no podía comprender por qué podía yo desear ir a esos lugares. Hubo momentos en los que me pareció una insensatez a mí también. Pero reflexioné profundamente sobre los motivos que tenía y conversé con unas cuantas personas de confianza, que estuvieron de acuerdo. Si bien parecía una locura, en realidad no lo era. Estaba dispuesta a hacer cualquier cosa e ir a cualquier lugar para encontrar el tema para este libro y para mi vida. Y sabía que podría hallar esa historia en el Oriente Medio.

Este viaje era un salto de fe.

ÉSTE ERA UN VIAJE DE NEGOCIOS. También era un viaje particular. E, igualmente, un viaje de destino —le dije a la mujer que me interrogaba en el aeropuerto de El Cairo—. Albergaba toda suerte de ilusiones sobre este viaje. Soñaba con viajar a los más profundos confines de África, haciendo safari. Quizá podría averiguar algo sobre las tribus de pigmeos, algunos secretos mágicos de la vida. O, tal vez, en las pirámides podría lograr alguna gran revelación acerca del misterio de la vida y de la muerte.

—¿Es eso lo que sucedió? —preguntó la mujer, mientras sus ojos penetraban mi alma.

—Lo que logré aprender —dije— es el misterio de la vida antes de la muerte.

Capítulo 3

Fuego de cañón

AL IGUAL QUE LA GENTE MENCIO-
NA que oye un sonido como el
retumbar de un tren de mercancías antes de que pase un torna-
do, yo oí el retumbar del torbellino que me arrastró lle-
vándome, desde mi casa en el sur de California, por
toda la zona norte del continente africano mucho antes
que llegara hasta mí. Muchos años antes ya sabía que algún día me iría a aventurar por África. Pero no sabía
que sería por Argelia hasta un mes antes de mi partida.

—Ve a Francia. Ve a Italia. Ve a Grecia. Pero no
vayas a Argelia —me había advertido mi amigo Maurice la noche de Navidad, cuando supo de mis planes.

Sus advertencias no eran nada nuevo. Había leído
los consejos para viajeros publicados por el Gobierno de
los Estados Unidos. Las actividades terroristas iban en
aumento. Muchos extranjeros habían sido secuestra-
dos y asesinados en años recientes. Viajar a ese lugar no
era aconsejable, y a los norteamericanos que decidían
permanecer allí a toda costa se les recomendaba mantener una protección armada. Yo sería una mujer que
viajaría sola, sin pistolas ni guardia personal. No obs-

tante, aquel lugar me seguía atrayendo. Sabía que tenía que ir. E igualmente sabía que me mantendría a salvo. No podía explicárselo a Maurice. Ni siquiera traté de hacerlo.

—No estoy bromeando, Melody —me había repetido—. Es peligroso. Pueden matarte. Se encuentran en medio de una guerra civil.

—Maurice, no sigas. Me va a ir bien —le había contestado—. He vivido la mayor parte de mi vida en medio de una guerra civil. La mía conmigo misma...

Ahora, en Casablanca, dejé el hotel, alquilé un taxi y me encaminé hacia el aeropuerto para coger el vuelo con destino Argel. Eran las seis de la mañana. El taxi estaba sucio. Apestaba. La tapicería del asiento estaba hecha jirones. El chófer parecía como si hubiese dormido toda la noche dentro de su coche.

—No te va a gustar Casablanca —me había dicho mi amigo Maurice—. Es una sucia ciudad portuaria.

Maurice había estado en lo cierto en cuanto a Casablanca. Durante un momento, cuando abordaba el avión, me puse a pensar si también lo estaría respecto a Argelia.

Unos cuantos meses antes de este viaje había visitado un viejo curandero chino en Pasadena, un amable monje budista que utilizaba pocas palabras. Estuvo trabajando durante cierto tiempo sobre mi energía, mi *chi*.

—Estás cambiando a un nuevo nivel —me dijo—. Esto es todo lo que necesitas saber por el momento. Trata de cuidar de ti misma. Quédate con el dolor, y con todas tus emociones, lo mejor que puedas. Realiza tus disciplinas diarias. Y sé amable contigo misma.

Los juegos de vídeo, del tipo de los que se ejecutan en un ordenador, suelen tener diferentes niveles de complejidad: principiantes, intermedios y maestros. Cuando uno se cambia hacia un nuevo nivel de juego, las cosas se complican. Cada vez el reto es mayor. El campo de juego es más grande. La acción es más rápida y más complicada.

En Aikido, o en cualquier otro arte marcial, existen muchos *dans*, o niveles de habilidad distintos. Cada vez que un estudiante avanza al nivel siguiente tiene que superar una prueba. Y al principio, después de que el estudiante ha alcanzado ese nuevo nivel, no le resulta fácil. Necesita utilizar todas los conocimientos adquiridos hasta el momento, y aprender algunos más. El nuevo nivel es más complicado, más difícil y constituye un reto mayor. Y por más adelantado que esté, la persona comienza de nuevo como estudiante en ese nuevo nivel.

El lugar en el que ese estudiante de artes marciales realiza las prácticas se denomina *dojo*. Esto significa lugar de iluminación. Algunas personas dicen que nuestras vidas son nuestro *dojo*.

Yo había avanzado a nuevos niveles antes.

Hace quince años estuve casada durante seis con un alcohólico. Durante el proceso de tratar frenéticamente de hacer todo correctamente, lo que entonces equivalía a controlar a todos y a todo excepto a mí, me perdí a mí misma. Desaparecí. Frente a la necesidad de creer en mentiras y de mentirme a mí misma, mis poderes espirituales, mentales y emocionales se desvanecieron en la no existencia. Me convertí en una ameba vindicativa, pasivamente airada y víctima. No salí de casa en años, excepto para ir al mercado.

Esto cambió —o, al menos, comenzó a cambiar— en el momento en que dejé de señalar a cada uno de los que me rodeaban, echándoles en cara: «Mirad lo que habéis hecho de mí», comenzando, en lugar de ello, a mirarme a mí misma.

En el Aikido, un arte marcial no agresivo que empecé a estudiar años después, mi sensei, o maestro, hablaba sobre la bola dorada de poder que cada uno de nosotros tiene en su plexo solar: una bola dorada que brilla formando un gran arco a nuestro alrededor. Aunque en aquel tiempo yo no sabía nada acerca de esta bola dorada, comencé a percibir los primeros destellos de su luz.

Pasé los siguiente cinco años aprendiendo las lecciones en este nuevo nivel. Aprendí que podía dejar de tratar de controlar a otras personas y, en cambio, que podía tomar la responsabilidad de mí misma. Aprendí que podía dejar vivir a los demás con los inevitables y consiguientes resultados de sus elecciones y destino. En lugar de desprender mi cabeza del cuello y explotar bajo la obsesión, aprendí que disponía de opciones: dejarme llevar, desapegarme, volverme pacífica. Me di cuenta de que no tenía que seguir permitiendo que otros me controlaran. ¡Aleluya! Ya era libre. Bueno, casi. Pero al menos agregué un poco de luz cada día a esa bola dorada de poder.

También agregué la palabra «no» a mi vocabulario. Aprendí que tampoco tenía que dejar que otros me mintiesen, abusaran de mí o me manipularan por sus propios motivos conscientes —y, a veces, algo menos que conscientes—. Comencé a sentir mis emociones, incluso cuando otros preferían que no lo hiciera. Descubrí que no tenía que seguir atrapada por relaciones o situaciones que me convertían en desdichada y miserable. Tengo derecho a una vida también.

Lentamente, al cabo de esos años, comencé a vivirla.

Hace diez años volví a avanzar a otro nuevo nivel. Me divorcié de mi marido, cogí a mis dos hijos pequeños —Shane y Nichole— de la mano, e inicié una familia y una vida nuevas como madre solitaria. Me aferré a mi carrera y escribí un libro acerca de lo que *había aprendido en el último nivel, un libro titulado Codependent No More. Ahí queda eso, pensé, sacudiéndome el polvo de las manos y entregando el manuscrito. Había resuelto aquel problema.*

Pero para mi sorpresa, junto a esta nueva dimensión de vida llegó una nueva dimensión de lecciones. Algunas eran vigorizantes, otras eran desafiantes, y otras confusas. Y una —la muerte repentina de mi hijo en 1991 debido a un accidente que tuvo esquiando— me rompió el corazón.

Averigüé que existía más vida para vivir que lo que había imaginado. También descubrí que existían ciertos lugares más profundos en mí, que necesitaban sanación, purificación y renovación; lugares que ni siquiera sabía que existían. Con frecuencia, las antiguas lecciones, las lecciones de los otros niveles, volvían a aparecer en formas y maneras diferentes o detrás de un disfraz. Cuando sucedía esto, me preguntaba si estaría haciendo mal algo, y dudaba de la intuición que solía creer que tenía.

Todavía no comprendía lo de los niveles.

Ahora, la energía que hay en mi vida ha comenzado a cambiar otra vez. Me llevaría meses para llegar realmente a ver y creer lo que me había dicho el monje budista de Pasadena. Me estaba moviendo hacia un nuevo nivel. Este viaje era una iniciación, una prueba. Sería como un repaso de las lecciones del pasado, en todas sus formas y maneras, y un presagio de las cosas que vendrían. Aun cuando algunas de las lecciones serían obvias, muchas otras, en este nivel, serían más sutiles. Descubrir cada una de ellas sería como resolver un misterio.

El vuelo a Argel fue breve; cerca de dos horas. A medida que el avión descendía acercándose a tierra en el aeropuerto Huari Bumedien, me llamó la atención la notable belleza natural de esta ciudad portuaria. Argel, o El Djazair, estaba enclavada en medio de las Montañas Sahel, entre el desierto del Sáhara y el Mediterráneo. El mar era más azul que cualquier otra agua que yo hubiese visto. El oleaje era suave; las olas apenas rizaban su superficie lisa. Antiguas casonas francesas y edificios de estilo europeo se destacaban en las laderas de la montaña. El fértil paisaje parecía un entrelazado de retazos de terciopelo verde.

Me sentía nerviosa cuando aterrizamos. No sabía qué esperar en un país destrozado por la revolución y el terrorismo. Bajé del avión, preparada para lo peor. Hallé el aeropuerto extrañamente tranquilo y calmado, muy distinto a pacífico. De inmediato reconocí el sentimiento.

Me hallaba en el ojo del torbellino.

Me imaginaba que pasar la aduana sería toda una aventura. Me sorprendí cuando los funcionarios —jóvenes de poco más de veinte años— me sonrieron y me dieron la bienvenida a su país. Fueron más amistosos que los funcionarios de aduanas que había encontrado en el resto del mundo.

Cogí mi mochila y cambié algo de dinero. Cuando me dirigía a la puerta principal del aeropuerto tratando de alquilar un taxi, uno de los jóvenes me salió al paso. Me guió hasta una oficina lateral y me dejó al cuidado de una joven de pelo castaño y largo hasta los hombros.

Le di el nombre del hotel donde pensaba alojarme.

Ella llamó para verificar mi reserva. Luego me pidió que esperara en su oficina hasta que llegara la furgoneta del hotel. Al cabo de media hora, me acompañó afuera hasta el aparcamiento donde se hallaba la furgoneta.

En lugar de verse lleno de grupos de guardias armados, parecía un aeropuerto normal como el de cualquier ciudad del mundo.

A medida que entramos en la autovía que conducía al centro de Argel, no dejaba de mirar por la ventanilla con una mezcla de curiosidad y temor. Las carreteras estaban casi desiertas. Me ponía nerviosa cada vez que pasábamos una barricada, recordando las advertencias a los viajeros publicadas por el Departamento de Estado de los Estados Unidos: «El peligro es extremadamente alto para los extranjeros. Se recomienda una considerable protección armada. Las terminales aéreas y los puertos son blancos especiales de la actividad terrorista. Eviten los vuelos comerciales con salidas regulares. Existe una campaña terrorista especialmente dirigida contra los extranjeros. La violencia es diaria desde 1994. Se han realizado más de 100 secuestros de extranjeros. No es posible una protección adecuada. Las barricadas en las carretera son comunes, al igual que falsas barricadas colocadas por los terroristas para llevar a cabo emboscadas. No se recomienda hacer viajes por tierra. Los terroristas amenazan con matar a todos los extranjeros que no abandonen el país.»

No conocía la gravedad del problema cuando decidí por primera vez venir a Argelia. Las advertencias sobre los viajes habían preocupado a Wendy, que trabaja conmigo en los Estados Unidos. También yo me había preocupado. Había considerado alterar mis planes. Pero cuando hablé con mi hija Nichole, de mis planes y de los problemas potenciales en Argelia, pensó de la misma forma que yo: si confiaba en mi instinto, no me sucedería nada.

No me habían puesto inconvenientes para darme el visado en la Embajada de Argelia en Washington, D. C. Parecían contentos de que visitara su país. No se habían mostrado, ni mucho menos, tan preocupados como el Departamento de Estado.

Cuando pregunté si era cierto que viajar a Argelia era extremadamente peligroso y si habían asesinado a muchos extranjeros, la voz masculina al otro lado del teléfono, en la Embajada de Argelia, me respondió:

—Oh, no es tan peligroso. Sí, algunas personas son asesinadas, pero eso ocurre en todas partes. La situación no es tan mala.

Cuando llegamos al hotel, nos detuvieron unos guardias uniformados y registraron la furgoneta. Luego atravesamos una barricada vigilada por guardias armados dentro de un área cercada. Observé que había una barrera de alambre de púas rodeando todo el hotel. Me bajé de la furgoneta. Avanzar por el pasadizo hasta la entrada del hotel fue como cruzar un foso para entrar en una fortaleza.

Un hombre en uniforme me registró una vez más al entrar en el hotel. Mientras me acercaba al mostrador de recepción, miré a mi alrededor. El hotel era nuevo y moderno. Desde donde me hallaba, en el salón de la entrada, podía divisar todo hasta el décimo piso. Pero había algo que echaba de menos. Llené la ficha de registro, entregué a la empleada mi tarjeta de crédito, y luego miré a mi alrededor. Esto es lo que faltaba: *la gente.*

Busqué por todo ese lugar algún estante que tuviera folletos con las atracciones turísticas, como existe normalmente en los hoteles. También faltaba eso. Me acerqué hasta la empleada que estaba en el mostrador, una atractiva chica de pelo negro, de poco más de veinte años de edad.

—¿Supongo que no hay ninguna excursión durante el día?

Asintió con la cabeza, evitando mis ojos.

—Estaba pensando en ver algún lugar —dije.

—Lo siento —contestó.

Se dio media vuelta y se marchó. Llegué en el ascensor hasta el noveno piso, fui yo sola hasta mi habitación, y me dejé caer sobre la cama. No era un huésped de un hotel; era un rehén en un fuerte casi vacío. No había ningún lugar adonde ir, y nadie con quien encontrarse. Miré alrededor de la habitación. No había folletos de excursiones, ni revistas, ni guías de esta ciudad. Me acerqué a la ventana y abrí las cortinas. Alcanzaba a ver un poco del puerto por la pequeña ventana. No había viajado medio mundo para quedarme sentada en la habitación.

Se oían silbar las balas, surcando el aire fuera del hotel. Puede que sea para bien, pensé, mientras cerraba las cortinas.

Llamé a la recepción para que me dieran hora para un masaje. Cuando llegué a la sala de gimnasia, la joven que estaba en la entrada me acompañó hasta un amplio salón que había a un lado. Entré allí. Había una chica, quizá de unos dieciocho años, de pie en una esquina.

—He venido a que me den un masaje —le dije.

Ella se quedó mirándome.

—¿Hablas inglés? —la pregunté.

Asintió con la cabeza.

—¿Masaje? —dije.

Siguió mirándome fijamente. Comencé a hacer gestos como de frotarme, para tratar de mostrarle lo que quería decir. Comencé a frotarme el brazo hacia arriba y hacia abajo. Luego me froté el hombro y las piernas.

Los ojos de la chica se agrandaron horrorizados.

—Masaje —le volví a decir.

Continué frotándome yo misma, tratando de establecer comunicación. No servía de nada.

La chica pasó a mi alrededor y comenzó a retroceder, saliendo del salón.

Esto ya había ido demasiado lejos, pensé. Me saqué la ropa y me tendí boca abajo sobre la mesa.

Tras un tímido masaje, me paseé por el hotel durante un rato, y luego regresé a mi habitación. Encendí la televisión. No había muchos canales donde elegir. La apagué y comencé a hojear un ejemplar traducido al inglés de un periódico del Medio Oriente que había encontrado en el aeropuerto. Leí un artículo sobre el último acto terrorista local, que terminó en asesinato. También leí con algún interés un artículo acerca de que los gobiernos de otros países estaban ahora fomentando que los periodistas y los sacerdotes actuaran como espías.

Hummm, pensé.

Pasé por encima del resto de las noticias, y deje el periódico. Me senté en la cama durante un rato, y luego me metí en ella. Miré las paredes. Miré el mobiliario. Luego cogí el teléfono y llamé a Wendy, la chica con la que trabajo en los Estados Unidos.

—¿Cómo va esa excursión mágica y misteriosa? —me preguntó.

—El único drama que me voy a encontrar aquí —le dije— es un drama interno muy inquietante, que oscila entre el cambio de horario y la menopausia.

Para cuando colgué el teléfono, ya estaba oscureciendo afuera y se sentía frío adentro. Estaba agudamente consciente de mi soledad. ¿Qué estaba haciendo allí? ¿En qué estaría yo pensando al venir aquí? Una fuerte oleada de fastidio y de desprecio por mí misma había reemplazado cualquier sentimiento de aventura, cualquier sentimiento de haber acertado con venir aquí y, especialmente, cualquier sentimiento de haber sido guiada.

Cuando le dije a Nichole que estaba escribiendo un libro acerca de cómo dejar de ser mezquino con uno mismo, ella simplemente sonrió.

—Oh, ya veo —dijo—. Va a ser un misterio.

Bueno, parece que ella estaba en lo cierto. Era un misterio. También lo era este viaje y lo que yo estaba haciendo aquí, en uno de los más tortuosos y peligrosos lugares del globo. ¿Realmente creía que alguien iría simplemente a llamar a mi puerta para decirme: «¡Hola! Estoy muy contento de tenerla por aquí. He estado esperando que viniera para poderla mostrar el lugar y contarle mi historia?»

Pedí un té al servicio de habitación, llené la bañera de agua caliente y me di un baño. Los tiros seguían sonando fuera de la ventana esporádicamente. Me puse una vestimenta cómoda, me deslicé entre las sábanas y me dispuse a dormir.

Casi me había quedado dormida cuando oí que tocaban a la puerta.

Esto sí es divertido, pensé. No podía imaginar que tuviesen servicio de recogida. Puede que sea el servicio de habitación que viene a retirar la bandeja.

Váyase, pensé. Déjeme dormir.

Los toques continuaron.

Me levanté, fui tropezando hasta la puerta, y miré por la mirilla. Al otro lado de la puerta había un hombre de unos veinticinco años. Miraba nerviosamente arriba y abajo por el pasillo. Puse la cadena de la puerta y la abrí sólo una rendija.

—¿Qué desea? —pregunté.

—Mi nombre es Mafateh —susurró—. Trabajo en el hotel, en otro departamento. La chica de la recepción es mi amiga. Me dijo que usted estaba buscando algo. Creo que puedo ayudarle.

Lo miré de arriba abajo a través de la puerta entreabierta. Llevaba un traje azul marino que parecía como un uniforme de empleado del hotel. Con sus pantalones tan subidos y sus mejillas mofletudas, presentaba el aspecto del niño del árabe vecino. Sus ojos eran dulces. Parecía asustado, pero inofensivo. Desenganché la cadena, abrí la puerta y le hice pasar.

Me presenté; luego tuve dificultades en pronunciar su nombre, al tratar de repetirlo. Me dijo que le llamara «Fateh».

—Lo mismo que «fatty»° en su idioma —dijo orgullosamente.

Conversamos un rato. Tan sólo me llevó unos minutos sentir como si hubiese conocido a Fateh durante mucho tiempo. Ésta era la primera vez que me había relacionado de cerca con alguien durante este viaje. Le expliqué que me quedaría en Argel unos tres días por lo menos; puede que un poco más. Le dije que quería ver

---

° Gordo. (*N. del T.*)

el país y hablar con la gente, y que necesitaría un guía
para hacerlo; alguien que me llevara a todas partes.

—No es seguro viajar en coche por aquí —me dijo.

—Por favor —le dije.

Movió la cabeza en señal de desaprobación.

—*S'il vous plait* —le dije, repitiéndome en francés.
Estaba implorándole. Lo sabía—. Ésta es, probablemente, la única vez en mi vida que vendré por aquí...

Se quedó mirándome, observó mi aspecto; luego
aceptó de mala gana.

—Puede que todo vaya bien —dijo—. Tu aspecto
puede hacerte pasar como si fueras de mi país. Espé-
rame mañana en la recepción del hotel, a eso de las
9:30 de la mañana. Ponte ropas oscuras, ropas que no
parezcan que son norteamericanas. No hables con nadie. No le digas a nadie adónde vas ni lo que vas a
hacer.

Le di las gracias, le puse unos billetes argelinos en
la mano, y coloqué la cadena de la puerta cuando se
marchó.

En un momento, la energía de todo este viaje había cambiado radicalmente, se había trasladado a un
nuevo nivel. Cualquiera que haya sido el torbellino
misterioso que me trajo aquí, a esta parte del mundo,
estaba a punto de permitirme penetrar bajo la superficie. Era hora de tomar una inspiración profunda y
zambullirse.

LA AGUDA VOZ DE LA que me estaba interrogando me
sacó de mi recuerdo y me llevó de nuevo al aeropuerto de El Cairo.

—¿Qué clase de libros escribe? —exigió la mujer.

Miré alrededor de la terminal. El movimiento de personas se había disipado. Excepto por uno o dos viajeros, las únicas personas que podía ver eran empleados del aeropuerto y el hombre y la mujer que me estaban interrogando.

—Los ocho libros que he escrito trataban del crecimiento y de la sanación espiritual —dije—. Son lo que, en mi país, llamamos libros para la autoayuda. En eso es en lo que también estoy trabajando ahora.

—Dice que escribe libros sobre el crecimiento y la sanación espiritual. Sin embargo, usted viajó a Argelia, un país dominado por el terrorismo. ¿Y, por casualidad, qué puede tener que ver la gente de ese país con el tema acerca del que usted escribe, y !a gente que vive en esa parte del mundo con la que usted pertenece? —preguntó ella.

En ese momento yo estaba bañada en sudor y me sentía muy cansada. Creía que le había dicho a esta gente más que suficiente; más que lo que ellos querían o necesitaban saber. Deseaba terminar con todo aquello. Pero también deseaba cooperar. De modo que traté cuidadosamente de hacerle saber a la señora del pelo negro con los ojos penetrantes lo que la gente de Argel me había enseñado.

Capítulo 4

Conversaciones con un guerrero

CADA CULTURA, PAÍS O CIUDAD es su propio vórtice de energía: una tromba vertiginosa formada por el pasado colectivo y por las creencias, emociones, intenciones y valores del presente. Los Ángeles es el vórtice de la industria del cine y de la televisión. Washington, D. C., es un vórtice político. A las 9:30 de la mañana del sábado 27 de enero de 1996 di los toques finales a mi maquillaje, me ajusté el cinturón portadinero a la cintura y bajé en el ascensor hasta la recepción, para encontrarme con Fateh. Me disponía a hacer un recorrido turístico por Argel, la capital de Argelia y capital mundial y vórtice del terrorismo.

Los años sesenta —aquel tiempo turbulento y memorable del presidente John F. Kennedy, Martin Luther King, Jr., y de la guerra de Vietnam— dieron origen a múltiples formas de expresión política y personal. Los movimientos por la paz, las manifestaciones y los encuentros se convirtieron en formas populares de protesta social, tácticas poderosas para llevar a cabo cambios en las democracias. Pero los sesenta también dieron lugar a la contrapartida —*el lado oscuro*— de hacer demostraciones por una causa. Este pulpo del terror, la red del terrorismo internacional, comenzó a extender sus tentáculos por todo el mundo simultáneamente. Sus miembros no sólo estaban dispuestos a morir por su causa; eran premiados por matar en pro de ella, utilizando, en forma deliberada, tácticas de sangre fría que enviarían terroríficas ondas de choque hacia las masas, haciendo de ellas sus víctimas, también.

En 1968 comenzaron a enviar las primeras ondas alrededor del mundo, cuando los terroristas secuestraron un avión israelí, forzando después al piloto a volar a Argel.

Durante los años siguientes, los tentáculos del terror fueron llegando cada vez más cerca de casa. En 1972 los terroristas atacaron a los atletas israelíes en las Olimpiadas de Munich. En 1976 vimos a comandos israelíes realizar su osada y brillante incursión de rescate en Entebbe. En 1986 los Estados Unidos bombardearon al país vecino de Argelia, Libia, con la esperanza de destruir a su líder, Muamar al Gadafi. En diciembre de 1988, cuando el vuelo 103 de la Pan Am pasaba sobre Lockerbie, Escocia, en su ruta desde Londres a Nueva York, explotó una bomba a bordo, matando a 270 personas. De ellas, 187 eran norteamericanas.

A principios de los noventa, las ondas de choque provenientes del terrorismo mundial habían llegado hasta Stillwater, Minnesota, donde yo vivía en ese tiempo. Una oleada de voladuras de oleoductos y amenazas de bomba, unida a la guerra del golfo Pérsico, y a una alerta nacional del FBI ante el terrorismo, hicieron que yo, así como muchos otros, comenzáramos a sospechar de todo. Una tarde, mi hijo, Shane, me pidió que lo llevara, junto con un grupo de amigos a un partido de baloncesto en un campo de deportes de la localidad. «No», le llegué a decir. «No es un lugar seguro. Es un blanco posible. Elegid otro lugar.»

En febrero de 1993 los terroristas hicieron explosionar bombas en el World Trade Center, en la ciudad de Nueva York. El 19 de abril de 1995 explotó una bomba en las afueras del Edificio Federal, en la ciudad de Oklahoma, una estructura que albergaba un centro diurno de cuidado de niños. En esta ocasión murieron 169 personas. De ellas, 19 eran niños.

A lo largo de los años, a medida que las amenazas de bomba continuaron incrementándose, los Estados Unidos han respondido con un aumento de las medidas de seguridad. El cambio más notable ocurrió en los aeropuertos. Los viajeros dentro de los Estados Unidos no podían presentarse simplemente en la entrada y abordar el avión. Tenían que mostrar una identificación con fotografía. Debían responder algunas preguntas. «¿Hizo usted mismo el equipaje? ¿Le dio alguien algo para que lo transportara?» Como nación comenzamos a reaccionar contra el terrorismo como nación, con tácticas antiterroristas sutiles. Ahora ya estaba acicalada, preparada y lista para dar un paseo por los campos de adiestramiento terrorista, al pie de las montañas de Argel, uno de los lugares en los que había comenzado el terrorismo contemporáneo.

Fateh me estaba esperando en la recepción. Observó mi aspecto y lo aprobó. Mi instinto había sido acertado en este viaje. Me había resultado fácil seguir las instrucciones que me había dado el joven la noche anterior, de vestir con ropas de aspecto nada norteameri-

cano. Me había traído solamente otro juego de ropa
más. Tenía puesto un jersey oscuro y amplio y unos
pantalones. Con mi pelo corto y oscuro, y mi piel acei-
tunada, me sentía casi invisible en medio de esta mezcla
de herencias culturales francesa, árabe y beréber.

Fateh me dio una nueva serie de instrucciones, al
mismo tiempo que me hacía pasar a través de los puntos de verificación de la seguridad, en el trayecto hacia
el aparcamiento.

—Hoy vamos a ir al campo —me dijo—. He hecho
los arreglos para que mi amigo Nazil venga con nosotros.
Es un graduado universitario. Ha estudiado inglés durante muchos años, y habla ese idioma mejor que yo. Él
te puede decir cosas que yo no puedo, porque hay muchas palabras en tu idioma que no conozco. No hemos
hecho ningún viaje en coche al campo ni a los parques
desde hace mucho tiempo. Será un día divertido para todos nosotros. Pero existen peligros.

Fateh se detuvo y se volvió hacia mí.

—No hables a nadie, incluso si te hablan. Si alguien se acerca a nosotros, si alguien nos hace detener
el coche, incluso los gendarmes, *no hables. No los mires a
los ojos. Mira hacia abajo, a tus pies, y permanece en silencio.* Ése
es el único modo en que permaneceremos a salvo —me
dijo—. ¿Comprendes?

Fateh se mostró muy convincente.

—¿Ni siquiera un breve «*Bon jour*»? —pregunté, tratando de suavizar la situación—. Estoy haciendo pro-
gresos con mi francés...

Me miró fijamente.

—Ni una palabra —dijo—. No digas ni una sola
palabra.

—Comprendo —le respondí.

Me senté al lado de Fateh, en el asiento anterior de su viejo Rambler. Fateh trató de sentarse del lado del conductor, pero antes de que pudiera lograrlo el asiento cedió, cayendo hacia atrás. Gruñó, suspiró, y luego metió la mano bajo el asiento, sacó un destornillador, y comenzó a reparar el respaldo del mismo. El arreglo de los coches se había convertido, hoy en día, en parte de la rutina. Formaba parte de las actividades diarias de mucha gente aquí. La mayoría de los automóviles eran coches viejos, muy usados; lo que llamamos de desecho en América.

Mientras que Fateh trabajaba en el asiento, me dirigí al joven Nazil, que estaba sentado en el asiento posterior del coche. Tenía el pelo oscuro y ondulado y las facciones agradables. Era de complexión delgada, mucho más delgado que Fateh. Me enteraría después que tenía veinticuatro años de edad, uno menos que Fateh.

Le dije a Nazil que me llamaba Melody y que estaba encantada de conocerlo. Le tendí la mano.

—Es un placer conocerla —dijo—, y un honor para mí pasar el día con una mujer de su país. He estado estudiando el idioma inglés la mayor parte de mi vida, pero sólo he podido practicarlo en clase. Hoy estoy contento de tener la oportunidad de utilizar el idioma que he estudiado tan intensamente.

Después de que Fateh arregló el asiento, se subió al coche, hizo el cambio de marchas, dejó que el coche retrocediera y encendió el motor.

Paseamos en coche por las estrechas calles de la ciudad, en el centro de Argel, durante cierto tiempo.

Se veían algunos hombres caminando, algunos en grupos, otros solos. Un hombre corrió al cruzar la calle delante de nosotros. Iba con un niño, un jovencito.

—Los museos están cerrados. La mayoría de los establecimientos están cerrados también —dijo Fateh—. Aquí no hay mucho que ver.

Unas cuantas calles más allá, nos encontramos con un atasco de tráfico. Alrededor de una docena de coches estaban parados delante de nosotros en medio de la calle. Fateh redujo la marcha y luego detuvo el coche. Se trataba de un puesto de control. Cuando llegamos hasta la barricada, dos jóvenes, armados y vestidos con uniforme, se acercaron a la ventanilla del coche. Siguiendo las instrucciones de Fateh, bajé la mirada hacia mis pies. Por el rabillo del ojo, pude ver a Nazil levantar los papeles y la chaqueta que estaba sobre su asiento para permitir que la policía comprobara el contenido del interior. Los gendarmes sonrieron débilmente, luego nos dejaron marchar.

—Parecían amistosos —dije, a medida que ganábamos velocidad.

Nazil se inclinó hacia delante sobre el respaldo del asiento.

—Los gendarmes son decentes, gente amable —dijo—. Ellos también están sufriendo todo esto.

—Tengo un amigo que es gendarme —continuó—. Los terroristas lo atacaron. Sabían que en esa noche mi amigo iría sólo, y desarmado. Conocían el lugar adonde iría y también la hora. Se escondieron entre la vegetación. Cuando mi amigo pasó por allí, los terroristas le salieron al paso. Uno de ellos le puso una pistola en la cabeza. «Ahora vas a morir», le dijo el terrorista a mi amigo. Apretó el gatillo, pero el arma se encasquilló. Mi amigo salvó su vida.

—Los terroristas tienen conexiones —dijo Nazil—. Conocen las costumbres de la gente y lo que planean hacer. No me explico cómo pueden saber tanto, pero lo saben. Saben quién está aquí, y cuándo viene la gente y cuándo se marcha. Si no saben ya que usted está aquí, pronto se enterarán de su visita.

Circulamos por toda la ciudad, buscando el camino hacia la calle que discurría a lo largo del puerto. Enseguida llegamos a otra barrera. Fateh detuvo el coche. Yo bajé la vista. Una vez más, Nazil mostró a los gendarmes el contenido del asiento trasero. Y nuevamente la policía nos dejó seguir adelante.

—Hemos perdido mucho —explicó Nazil—. La mayoría de nosotros hemos perdido a alguien a quien amábamos. Todos conocemos a alguien que ha perdido algún ser querido. Vivimos bajo un constante temor de perder a nuestros amigos y familiares. Y como puede ver, también hemos perdido nuestra libertad.

Fateh paró en una estación de gasolina a las afueras de la ciudad, luego nos dirigimos hacia el campo. Al poco tiempo, la calle por la que avanzábamos se convirtió en una carretera costera.

—Recuerdo el día en que comenzó —dijo Nazil.

Fateh asintió con la cabeza.

—Fue el 5 de junio de 1991 —dijeron ambos, casi al unísono.

Nazil me dio una breve lección de historia argelina. Argelia había sido colonizada por Francia. Tras una guerra revolucionaria que duró ocho años, Argelia había ganado finalmente su independencia en 1962. Al principio de los noventa, el partido islámico había ganado las elecciones al Parlamento y amenazaba con tomar el control del gobierno. Entonces comenzó la guerra civil. Argelia había dejado de luchar contra Francia, pero sus dos partidos políticos más importantes, el seglar Frente Nacional de Liberación y el religioso Frente Islámico de Salvación, habían comenzado a luchar entre ellos.

El 5 de junio de 1991 el presidente de Argelia declaró la ley marcial.

—En ese momento ocurrió el primer incidente terrorista —dijo Nazil—. Comenzó con uno o dos bombardeos aislados. Después de eso el terrorismo se convirtió en un modo de vida. Algunos años antes los militares se apoderaron del gobierno.

—Hubo un terremoto aquí que mató a cinco mil personas —explicó Nazil—. Ustedes también tienen terremotos, donde usted vive. Pero nuestro verdadero desastre nacional es el terrorismo. Hasta ahora ya se ha cobrado entre diez mil y sesenta mil vidas.

—Observé el precio de la gasolina en las estaciones de servicio —dije después de un rato. Está a 1,45 dinars el litro. El combustible cuesta más aquí que en los Estados Unidos, aunque es su principal materia de exportación. ¿Por qué es tan cara la gasolina aquí? ¿No es eso causa de que la gente viva disgustada?

—Sí —afirmó Nazil—. Mi pueblo está disgustado. Están irritados con el gobierno. Están irritados con los ricos. No están seguros de quién los ha perjudicado, pero saben que han sido traicionados.

Seguimos viajando un buen rato, y luego Fateh salió de la carretera hacia un estacionamiento cercano a un centro comercial. Abrí la puerta del coche y comencé a salir. De inmediato, Fateh se echó sobre mí y cerró la puerta. Luego se quedó sentado.

—Mafateh tiene miedo —dijo Nazil—. Siempre tiene miedo.

Fateh y Nazil hablaron entre ellos en árabe. Después Nazil respiró profundamente, y me explicó lo que Fateh y él habían estado discutiendo.

—La novia de Mafateh fue asesinada hace un año —dijo Nazil—. Una bomba voló el autobús en el que viajaba. Ahora Mafateh piensa siempre que va a volver a suceder. Teme que los terroristas asesinarán la próxima vez a alguien a quien ama o a él mismo. Le dije que no había peligro para nosotros si salíamos y paseábamos por allí durante un rato.

Salimos del coche y caminamos por todo el centro comercial. Todas las tiendas se hallaban cerradas y clausuradas con maderas clavadas. Nazil nos llevó alrededor del costado del centro comercial. Luego Fateh y yo lo seguimos bajando por un camino de tierra que conducía al mar. Escalamos, de uno en uno, un muelle de piedra que se adentraba en el agua. Caminamos hasta la punta, luego nos sentamos sobre las rocas.

Sentado en el borde del muelle, Fateh parecía ahora casi relajado por primera vez en este día.

—Siento que hayas perdido a tu novia —dije después de un rato.

Estaba en casa de su madre cuando sucedió —explicó tranquilamente.

—Estábamos esperando que regresara a casa a cenar. Sonó el teléfono. Su madre contestó. Cuando vi que dejaba caer el teléfono y rompía a llorar, supe que mi novia había muerto.

—Duele perder a alguien en un momento —le dije—, que se lo arrebaten a uno de su vida...

Él asintió.

Permanecimos sentados un rato más, sin hablar. Cuando se acercaron tres hombres al final del malecón, todos nos pusimos simultáneamente de pie y regresamos al coche apresuradamente.

Fateh salió con el automóvil a la carretera. Al poco tiempo volvió a abandonarla otra vez. Esta vez entró en un área de estacionamiento a las afueras de un parque. Fateh salió del coche de mala gana y bastante nervioso. Nazil y yo lo seguimos. Los tres atravesamos el estacionamiento dirigiéndonos a la entrada del parque.

Una pareja joven, un hombre y una mujer, se hallaban sentados en su coche con la puerta abierta, al fondo del recinto. Sentí que una oleada de temor surgía en nosotros tres al pasar cerca de su vehículo. Entramos en el parque, luego caminamos a paso ligero por el sucio y casi vacío campo. La tierra se mostraba estéril y sin cuidar. Incluso los árboles se percibían como carentes de vitalidad.

Nos dirigimos al centro de recreo del parque. Estaba cerrado. Nos quedamos allí durante un momento, mirando las dependencias cerradas. Luego nos dimos la vuelta y regresamos a través del parque, hasta el automóvil. Tras arreglar el asiento y empujar el coche para arrancarlo, Fateh regresó a la carretera. Continuó alejándose de la ciudad, avanzando hacia las lejanas montañas.

Nazil señaló a las montañas.

—Allí es donde se encuentran los campos de terroristas —aseguró.— Allí es donde se esconden. Allí es donde se entrenan y viven.

—Solía ocurrir que cuando un joven crecía, tenía que tomar la decisión de ir a la universidad, trabajar o hacerse militar —explicó Nazil—. Ahora sólo quedan dos caminos. ¿Se hace militar? ¿O se hace terrorista? Los jóvenes de nuestro país toman esta decisión muy en serio.

—Tengo dos amigos. Eran los mejores amigos también entre ellos. Jugaron juntos mientras eran niños, uno en la casa del otro. Las madres de ambos se conocían. A medida que fueron creciendo, uno decidió hacerse militar. El otro decidió volverse terrorista. Sabían, mientras estaban creciendo, lo que iban a ser.

Nazil se detuvo mientras se esforzaba por encontrar las palabras correctas para expresar sus pensamientos.

—Cada uno se volvió... como lo llaman ustedes... *entregado* a su elección. Cuando cumplieron dieciocho años, uno se hizo militar. El otro corrió a las montañas para hacerse terrorista. Su ambición *era* convertirse en eso.

—Hace unos cuantas semanas, el que se había hecho terrorista entró furtivamente en la casa de su amigo, el militar. La madre de éste se encontraba en la cocina guisando. Se deslizó hasta quedar detrás de ella. «Voy a matarlo algún día», le susurró al oído. «Tú lo sabes, ¿verdad?» Luego el terrorista salió corriendo por la puerta.

—Ellos piensan que su poder les viene de su fortaleza. Piensan que el poder lo tienen en las pistolas, en matar a las personas, en herirlas. Eso no es poder —aseguró Nazil, moviendo la cabeza.

—No sé lo que los mueve a hacer eso —dijo—. Deben estar tomando drogas. Tiene que ser debido a que esa gente está drogándose para ser capaces de degollar y matar a las personas, sin siquiera pensar en ello.

Fateh asintió.

Tras viajar durante una media hora, Fateh volvió a salirse de la carretera. Nos hallábamos en una ciudad vacacional a la orilla del mar. Nazil explicó que antes de los días del terrorismo, la gente colmaba esta ciudad para gozar de unas vacaciones lujosas o de divertidas excursiones de fin de semana.

Ahora las calles estaban casi desiertas. La mayoría de las tiendas estaban cerradas. Caminamos por el paseo atravesando unas cuantas calles, pasando por delante de las tiendas cerradas o clausuradas con tablas. Ocasionalmente, encontrábamos algunas personas —la mayoría hombres— que se cruzaban con nosotros apresuradamente. Cuando eso ocurría, yo seguía las instrucciones de Fateh, evitando todo contacto visual y mirando hacia el suelo.

Hasta el momento, mi papel como mujer subordinada —que no hablaba ni dirigía la mirada a los ojos de nadie— lo sentía como extrañamente cómodo, casi familiar. Estaba más profundamente enraizado que lo que significaba seguir las indicaciones de Fateh o tratar de evitar un ataque. Observé que era temiblemente fácil danzar al ritmo de una cultura y —casi por ósmosis— adoptar su credos y prácticas como propias.

Ahora comprendía el comportamiento de la mujer que estaba en el mostrador de la recepción del hotel, la que le había hablado de mí a Fateh: la que escasamente me había dirigido la palabra y evitado mirarme a los ojos. No me estaba eludiendo. Estaba siguiendo las costumbres de su cultura, danzando al ritmo de su país.

Cuando cruzamos la calle al final de la hilera de tiendas, nos encontramos ante la entrada de un parque. La reja estaba cerrada. Nos encaramamos a la valla, tratando de ver lo que había dentro. En el patio, justo del otro lado de la reja de entrada, las abundantes plantas que crecían libremente en el descuidado jardín se entretejían alrededor de majestuosas ruinas griegas, reduciendo a polvo las pétreas reminiscencias de la influencia griega en la rica historia de Argelia. Miramos por encima de la valla durante un rato, y enseguida emprendimos el regreso hacia el coche.

—Éste es un día divertido —dijo Fateh muy serio—. Estamos pasando un buen día, ¿no es cierto? Hemos venido al campo.

Nazil y yo asentimos con la cabeza.

—Sí, Fateh —afirmé yo—. Es divertido.

Regresamos al coche. Fateh arregló una vez más el respaldo del asiento, empujó el coche hasta arrancarlo, y luego regresó a la carretera.

—Vamos a seguir un rato por otra carretera —dijo Fateh.

Al llegar a un cruce giró, alejándose de la costa, hacia las amenazadoras montañas. Después de un rato, dio la vuelta en dirección a la ciudad de Argel. Pasamos a lo largo de kilómetros de campiña amplia, pero desolada, encontrando muy pocos vehículos por el camino. Luego, al llegar a una intersección donde la carretera que cruzaba conducía directamente a las montañas, se detuvo ante una barricada.

Esta vez me di cuenta que estaba conteniendo mi respiración mientras miraba al suelo. Me acordé de las advertencias a los viajeros, y pensé en las emboscadas que se producían al encontrar puntos falsos de control. Los gendarmes registraron el vehículo y nos dejaron seguir.

—Amo y respeto a mi bello país —dijo Nazil después de un rato—. Le han sucedido cosas terribles a mi pueblo. Pero lo peor que le ha sucedido es que esto les ha generado un espíritu de venganza.

—La *venganza* —dijo— no es el propósito de lo que estamos pasando.

Un pesado silencio invadió el interior del coche. Entonces Nazil comenzó a hablar nuevamente.

—Es una tragedia lo que le ha sucedido a mi país y a mi pueblo. Pero el daño más grande es lo que les han hecho a nuestros corazones. Ahora ya ni siquiera lloramos cuando nos enteramos de alguna muerte. Hemos vivido con lo anormal durante tanto tiempo que se ha vuelto normal. Nuestros corazones se han vuelto insensibles.

—Ésta es la tragedia real de Argel.

Seguimos viajando durante algún tiempo, viendo campos desiertos y colinas erosionadas. Nazil me explicó que a pesar de lo fértil que es la tierra en este país, Argelia tenía que importar ahora la mayoría de los alimentos.

Señaló un gran edificio sin ventanas, enclavado en el paisaje a nuestra izquierda.

—Allí es donde llevan a los terroristas que son capturados —dijo—. En cierta ocasión, un médico tuvo que atender a un terrorista herido. La policía detuvo al médico y lo metió en la cárcel a *él*. Dos hombres que conozco estaban discutiendo acerca de ello el otro día —explicó Nazil—. Uno de ellos no podía comprender por qué tenían que mandar a la cárcel a un médico por atender a un hombre herido.

Observé extensiones tras extensiones de edificios, propiedades que parecían abandonadas o destruidas. Le pregunté a Nazil lo que había sucedido; si esto era el resultado del terrorismo o de alguna otra causa. Me dijo que la mayoría de los edificios vacíos eran proyectos que los constructores habían comenzado y que luego habían abandonado por falta de dinero.

—Parece que esto viene ya de mucho tiempo —dije yo—. ¿Todavía tiene esperanza tu pueblo?

—¿Esperanza? —inquirió Nazil—. Sí, tenemos esperanza. Pero no esperamos una mejoría de nuestra economía. Ya no confiamos en ampliar nuestra agricultura, ni nuestro arte. Lo único que esperamos es que algún día termine el terrorismo.

Fateh giró hacia la carretera de la costa. A medida que nos acercábamos a la ciudad de Argel, todos comenzamos a tranquilizarnos. Nazil comenzó a hablar de la universidad, sobre las clases de arte que había tomado y acerca de algunos amigos de la escuela. En cuanto llegamos a los límites de la ciudad, Fateh condujo el coche a un lado de la carretera, a la altura del puerto, y me dijo que íbamos a dejar a Nazil. Fateh tenía que entrar a trabajar.

Nazil me expresó lo mucho que había disfrutado hablando inglés todo el día y que esperaba haber acertado al expresarme sus pensamientos.

Le dije que había hecho muy bien, y se lo agradecí. Saqué mi bolso de debajo del asiento del coche.

—¿Puedo ofrecerte algo, algún dinero por tu tiempo de hoy, como un regalo, como una manera de decirte gracias? —le pregunté a Nazil.

Él lo rechazó resueltamente.

—No puedo recibir dinero —dijo, negando con la cabeza—. Eso sería un error. Fue un privilegio pasar el día con usted y contarle la historia de Argelia y de mi pueblo.

—Además —añadió sonriendo—, estuvimos paseando por el campo. Nos divertimos.

Vi a Nazil escabullirse entre unas ruinas, y luego desaparecer entre una colonia de casas cercanas al mar. Mientras Fateh me llevaba de regreso al hotel, noté por primera vez lo tenso que estaba mi cuerpo, igual que había estado a lo largo del día. Debido al Ramadán, no habíamos comido ni bebido nada. Me sentía con sed. Necesitaba un vaso de agua.

—También tenemos un zoo —dijo Fateh, mientras nos acercábamos al hotel—. Ahora está cerrado, pero allí tenemos el más viejo cocodrilo viviente —dijo orgullosamente.

Atravesamos la barricada de seguridad del hotel. Los gendarmes registraron el coche una vez más. Luego Fateh aparcó y me acompañó hasta la entrada del hotel. Nos quedamos allí mirando desde lejos a los guardias, a las barricadas y a las copas de los árboles.

—¿Has disfrutado de este día? —preguntó Fateh.

—Sí, mucho. Gracias —le dije.

Sonrió, y se mostró complacido. Me volví hacia él, me puse la mano sobre el corazón, y *lo miré directamente a los ojos*.

—Ojalá que Dios continúe ayudando a tu corazón a sanarse de la pérdida de tu amor —le dije.

Fateh me miró. Vi y sentí una fuerza en él que no había visto antes.

—Rezaré para que Alá sea misericordioso contigo también —me dijo.

Fateh se dirigió hacia la entrada de los empleados del hotel para registrar su presencia en el trabajo. Yo regresé a mi habitación. Había convenido con él en regresar a la recepción en una hora. Fateh había preparado otras actividades para mí, incluyendo la asistencia a una fiesta sagrada del Ramadán con una familia beréber al día siguiente al anochecer, cuando finalizase el ayuno tras la puesta del sol. Mi excursión de un día por la campiña argelina había concluido.

De vez en cuando —no demasiado frecuentemente— una persona se cruza en nuestro camino y, a pesar de inmensos obstáculos y de dolor, se las arregla para retener su identidad, sus valores, su integridad y su fe en Dios, sin importar que esta persona llame a Dios «Alá», «Jehová» o «Dios». Esa persona sabe lo que cree y se mantiene firme en esas creencias a pesar de la enorme presión que trata de hacerle seguir otro camino. Y la decisión de honrar sus valores tiene poco que ver con lo que ha recibido de la vida o de Dios. A pesar de que no ha obtenido todo lo que anhelaba, esperaba, deseaba o merecía, no se ha vuelto contra Dios ni contra otros. *No se ha vuelto contra sí mismo.*

Existe un poder resplandeciente en esta persona que es irrefutable.

Estar ante su presencia, incluso durante breve tiempo, nos hace cambiar. Ahora disponemos de un paradigma ejemplar, de un modelo, de una joya que nos sirve de referencia para medirnos nosotros mismos. Es posible que no vivamos siempre de acuerdo con esos estándares, pero siempre estaremos conscientes del momento en que nos estamos desviando; y esos breves momentos con esa persona nos ayudarán a recordar qué estamos intentando ser.

Esto es lo que me sucedió, en el corazón del torbellino de terrorismo, el 27 de enero de 1996, durante mi excursión de un día por Argel. Conocí a un joven llamado Nazil. Me contó la historia de su país. Me habló de lo que creía. Y vi en él una luz que brillaba tan intensamente que nunca más volveré a ser la misma.

En una tierra donde la gente ha perdido su libertad y su poder, él había encontrado una forma de ser libre y comprendido el significado del poder.

Un verdadero guerrero se había cruzado en mi camino.

—¿ALGUNA DE ESAS PERSONAS con las que se encontró en Argel le dieron algo para transportar? ¿Alguna cosa? —inquirió la interrogadora de El Cairo.

—Sí —le respondí—. Me dieron algunos regalos.

—Muéstremelos ahora mismo —dijo ella.

Abrí mi maleta, que estaba sobre la gran mesa situada entre nosotras dos. Le mostré un vestido beréber de color rosa bordado a mano y un cartel de la *Casbah d'Alger*. Luego hablamos de mi valiosa posesión. Era un calendario de cartulina blanca, de todo el año, correspondiente a 1996. Los nombres de los meses y de los días estaban escritos en francés. En la parte superior del calendario, sobre los meses, se hallaba el emblema nacional de Argelia. Era también el emblema que se había convertido, por casualidad, en mi sello personal durante este viaje: la luna creciente y la estrella.

La mujer que me interrogaba hizo una pausa en sus preguntas y estudió mi itinerario.

—Originalmente había hecho reservas para un vuelo desde El Cairo a Grecia. Ésa iba a ser la última parte de su viaje. Ahora parece que ha cambiado repentinamente sus planes y, en lugar de ello, está volando desde El Cairo a Tel Aviv y, de allí, a Los Ángeles. ¿Por qué pasó tanto tiempo en Argelia y en Egipto, para luego, en el último momento, cancelar la parte de su viaje que podían haber sido unas vacaciones tan *agradables*?

—Oh, eso —dije—. También a mí me tomó por sorpresa. Déjeme explicarle.

Capítulo 5

El apagón

BRÍ LA PUERTA DE LA HABITACIÓN del hotel y me dejé caer sobre la cama. Mi tiempo en Argel se había colmado rápidamente. Desde el momento en que conocí a Fateh, apenas tuve tiempo de dormir.

Había preparado dos excursiones más para mí, además de mi excursión a la campiña. Había visto lo más importante de la vida nocturna argelina: un centro comercial protegido por barricadas ante las que los coches formaban colas kilométricas esperando ser inspeccionados por los gendarmes antes de entrar. Había visto la ciudad de día, paseando en coche a través de las estrechas y tortuosas calles que conducían misteriosamente a zonas comerciales desiertas y a la *casbah*, calles en las que ostensiblemente se echaba en falta la presencia de mujeres, calles fortificadas para los enfrentamientos, custodiadas por pelotones de guardias armados.

Acababa de regresar de la casa de una familia beréber de la localidad, vecinos y amigos de Fateh. Me habían invitado a compartir con ellos la sagrada festividad del Ramadán en su casa, para dar gracias a Alá, y terminar el ayuno del día después de la puesta del sol. La familia no hablaba inglés. Aunque no tenía idea de lo que había comido, la comida fue deliciosa. Después de la cena, me habían mostrado el álbum de fotos familiares. Estuve hojeando las páginas, en las que se apreciaba una historia gráfica personal que me hacía recordar los mismos temas que había encontrado en el Museo del Hombre, en París: nacimiento, casamiento, familia, religión y, precisamente en el exterior de la casa donde me encontraba, la amenaza de la muerte. Luego, antes de irme, la familia me había colmado de regalos. *«La tradición beréber»*, me decían, poniendo alegremente regalo tras regalo sobre mi regazo.

De vuelta en el hotel, me fijé en la bolsa de regalos que estaba sobre el suelo cerca de la cama. El pueblo de Argel me había abierto sus hogares y sus corazones. En esta ciudad, donde hace tan sólo unos días pensé que me quedaría confinada en mi habitación, he realizado y visto mucho. Ésa iba a ser mi última noche aquí. Tenía reservas para salir en avión por la mañana, el único vuelo a Casablanca en varios días. Ahora me preguntaba si debería cancelar mi vuelo; tal vez marcharme otro día de la semana.

Entré en el cuarto de aseo y comencé a prepararme un baño caliente. Mientras me inclinaba sobre la bañera para ajustar la temperatura del agua caliente, las luces de la habitación del hotel se fueron apagando, oscilaron por un momento, y luego se extinguieron. Me acerqué a la puerta que conducía al pasillo exterior, y la entreabrí. Todas las luces del hotel estaban apagadas.

Se trataba de un apagón.

Un estremecimiento de terror corrió a través de mis venas cuando acudieron a mi mente las palabras de Nazil. *Ellos se enteran de las cosas. Saben quién llega y cuándo se marcha. Si todavía no saben que usted está aquí, pronto lo sabrán.*

Los oscuros pasillos exteriores estaban tranquilos, silenciosos. Todo lo que podía oír era el sonido del agua llenando la bañera, y el latido de mi corazón. Cerré la puerta y me quedé apoyada contra ella. El tiempo iba pasando, lentamente. Volvieron las luces. Terminé de tomar el baño, luego recogí todo y lo metí en mi mochila. Me *hallaba* en medio de una guerra civil. Cuando Fateh llamó a la puerta por primera vez, había tomado una inspiración profunda y me había zambullido bajo la superficie. Ahora me estaba quedando sin aire.

Era el momento de partir.

A la mañana siguiente, de madrugada, salí de la ciudad. Mientras mi avión despegaba, estuve mirando por la ventanilla. No había visto nunca un país tan bello como Argelia. A pesar de su belleza, el paisaje emanaba una sobrecogedora desolación. Era como si la tierra misma —incluyendo los árboles y el follaje— hubieran absorbido el dolor y la desesperación de la gente que habitaba en él.

Me sentí aliviada cuando el avión aterrizó en Casablanca. El tiempo que pasé en Argelia había sido esclarecedor, pero agobiante. Estaba lista para regresar a la vida, a la vitalidad y a la libertad; libertad de los peligros inminentes del terrorismo. Alquilé un taxi para que me llevara al hotel donde había dejado mi equipaje en consigna.

—*¡Je returnez! ¡Je returnez!*— le dije al empleado de la recepción, un hombre grande y ceñudo que llevaba un caftan. Él era otra de las personas que se había espantado ante la idea de mi viaje a Argelia. Ahora sonrió ligeramente ante mi regreso a salvo y, supongo, ante mi uso lamentable del idioma francés.

Entré en mi habitación y comencé a sentir una extraña mezcla de emociones mientras me cambiaba de ropa y volvía a hacer la maleta. Argelia había conectado con alguna parte misteriosa de mí. El tiempo que pasé en ese país lo percibía ahora en forma surrealista. No estaba segura de que hubiera estado allí. Ni estaba completamente segura de que hubiera sobrevivido. Mi experiencia en esa tierra me había desdibujado los límites que mantienen la realidad en su lugar firme y claramente.

También me sentía con renovada energía. Al comienzo de este viaje había pasado la mejor parte de mis días en París recluida en mi habitación, sintiéndome intimidada por el lujo, la belleza y el toque de elitismo que me rodeaba. En una ocasión cuando, por fin, me había aventurado a salir de mi habitación para ir a la recepción, me quedé sentada precariamente en el borde de un silla de terciopelo con respaldo alto. Un guardia de seguridad se me acercó y me preguntó si estaba hospedada en el hotel. Le mostré la llave de la habitación y le dije que sí. Luego me marché e hice unas cuantas cosas. Ahora, la represión y el confinamiento de Argelia me volvieron aún más determinada a ver y a hacer en el resto del viaje todo lo que me fuera posible. Sentí una nueva oleada de poder, una nueva apreciación de la libertad. Yo también pertenecía a este mundo. Y estaba dispuesta a actuar en consecuencia.

De inmediato comencé a hacer planes para realizar una excursión vespertina hasta Rabat, la capital de Marruecos. En el camino hacia la parada de taxis entré en el restaurante, en la planta baja del hotel, y pedí un café con leche.

El mismo hombre que me había servido la última vez me trajo nuevamente una bandeja de plata en la que portaba una media taza de expreso y una pequeña jarrita de leche caliente. Miré la jarra con sospecha. Al tiempo que echaba esa leche caliente en mi café, sabía que no debía hacerlo.

Hasta ahora había estado vigilando cuidadosamente todo lo que comía y bebía durante el viaje para evitar caer enferma. Excepto durante la celebración del Ramadán en Argel, escasamente había probado otros manjares.

Pero no era sólo en este lugar donde me lo pasaba vigilando lo que comía. Durante los últimos seis años o más, la mayoría de las personas que conocía se habían dedicado a comer saludablemente. Era parte de un proceso mayor que estaba teniendo lugar —una desintoxicación, una limpieza, una especie de ayuno— mientras la gente desarrollaba una conciencia superior acerca de lo que comía y absorbía dentro de su cuerpo. Apenas podía acordarme de cuando el alimento era simplemente eso, alimento, y, si tenía buen sabor, me lo comía. Ahora, la regla general era seguir las indicaciones de algún pintoresco doctor que les dice a sus pacientes: si sabe bien, escúpanlo. Había muchas reglas que seguir, incluyendo las mías. Había muchas prohibiciones contra una diversidad de cosas. Últimamente, en especial, parecía como si todo lo que me gustaba fuese, precisamente, lo que no podía comer.

De modo que bebí hasta el último sorbo del café y de la leche caliente.

Durante el viaje de cien kilómetros hasta Rabat comenzó a dolerme el estómago.

El taxi entró en una explanada delante de un gran palacio con un amplio patio. El chófer habló con un guía que me ofreció llevarme a pie para visitar las atracciones turísticas típicas. El guía era un recio hombre de edad, de piel curtida y arrugada por el sol y al que le faltaba un diente. Me pidió que le llamara Tommy, pero sabía que ése no era su nombre. Era simplemente una palabra fácil para que la pronunciaran los norteamericanos. Me dijo que si me gustaba lo que me iba a enseñar, al finalizar le pagaría lo que yo creyera que había valido la excursión.

Dimos una vuelta alrededor del palacio real y del edificio donde educaban a los hijos del rey. Luego visitamos un mausoleo donde había una tumba sagrada. El mausoleo era un edificio de dos plantas, bruñido en oro y custodiado por la policía. En el interior del edificio, desde una balaustrada circular se dominaba una urna funeraria ricamente ornamentada. Estando allí, percibí la extraña sensación de que me hallaba frente a una abertura entre este mundo y el más allá.

Dejamos atrás la tumba y caminamos y caminamos. El estómago me dolía cada vez más con cada paso que daba. Finalmente, entramos en una gran área ajardinada formada por terrazas. Me percaté de lo mucho que había echado de menos a la naturaleza durante este viaje. Excepto por mi angustiosa visita a la campiña argelina, había pasado la mayor parte del tiempo en las habitaciones de los hoteles, en medio de las atestadas ciudades y en los aeropuertos.

Tommy señaló un gran nido de pájaros en el extremo de una de las desmoronadas columnas de piedra.

—¡Mire! Creo que es una cigüeña —dijo.

Nos detuvimos un momento para observar al ave.

Para entonces ya estaba cayendo la tarde. Tommy parecía cansado. Sospeché que tenía hambre. De vez en cuando le vi que miraba su reloj de soslayo.

La dedicación que había observado en los musulmanes durante mis viajes a través del mundo árabe me había impresionado. La palabra «Islam», vendría a saber después, significa «rendición o sumisión a la voluntad de Dios». Estuve sumamente consciente de la exaltada y acelerada espiritualidad que había en el aire a medida que la cultura se sumergía más profundamente en el mes de Ramadán. Pero también pude percibir el esfuerzo del ayuno que tenía que soportar la gente, cuando los observaba desempeñando su trabajo diario. Treinta días es un tiempo muy largo para mantener la abstinencia.

Mientras observaba cómo Tommy jadeaba y resoplaba caminando por los senderos del jardín, también pude percibir los efectos del prolongado ayuno que estaba haciendo mella en él.

—¿Tiene hambre ya?

—Sí —contestó.

—Haber pasado casi un mes sin comer ni beber durante todo el día tiene que ser algo muy duro —dije.

Asintió con la cabeza.

—Pero es bueno para uno —afirmó, haciendo un gesto.

Estuve de acuerdo.

—Es bueno para el cuerpo, bueno para la mente...

—Y bueno para el espíritu —dijo, terminando mi frase.

Anduve detrás de Tommy por todas las calles principales de Rabat, hasta llegar a la entrada de la *Casbah des Oudaia*, escondida dentro de la ciudad, cerca de las orillas del océano Atlántico. Mientras caminábamos por las estrechas calles de la *casbah*, señalé hacia un pequeño mercado al aire libre flanqueado por dos casas. Ya no podía aguantar el dolor de mi estómago durante más tiempo. Necesitaba una botella grande de agua.

Concluimos la excursión. Le agradecí y le pagué a Tommy; luego hice en el taxi el trayecto de regreso que me separaba de Casablanca, aguantando a mi estómago todo el tiempo. En esos momentos me sentía como si me hubiera tragado un puerco espín, con espinas y todo.

Hay muchas sustancias, lugares y personas que pueden resultar tóxicas para nosotros. Incluso el odio contra sí mismas de otras personas, sus creencias acerca de sí mismas o de nosotros, pueden ser venenosas. Nos afecta lo que se encuentra a nuestro alrededor y lo que absorbemos en nuestros cuerpos. Si insistimos en estar cerca de una persona tóxica o en ingerir alguna sustancia que es tóxica para nosotros, podemos desarrollar una reacción semejante a una alergia. Nuestros cuerpos se retuercen y se contorsionan, se descomponen y pierden el equilibrio. Podemos llegar a sentirnos confusos, poco claros, incluso enfermos. Disminuye nuestra sensación de poder. Las sustancias tóxicas, las personas tóxicas y las creencias tóxicas pueden debilitar a las personas, al igual que la famosa criptonita debilitaba a Supermán.

Antes de haber comprendido esto había pasado mucho tiempo de mi vida yendo en contra mía, en lugar de alejarme de lo que era venenoso. Si me limitaba a tratar con más fuerza, a hacerlo mejor, a ser más, a ser diferente, podría enfrentar esto, pensaba. Me había llevado mucho tiempo aprender que la lección no consistía en *manejar* la toxicidad. Consistía en aprender a tener respeto por lo que me resultaba tóxico.

Se siente una sensación, como un suave impacto de reconocimiento, cuando juzgamos que algo es bueno para nosotros. A veces la respuesta es casi eléctrica. Otras veces es más sutil. Simplemente, el cuerpo se siente en paz. Otra sensación distinta es la que nos llega cuando algo es malo para nosotros, cuando una persona, lugar, cosa, emoción, decisión o sustancia resulta tóxica para nosotros. Esa sensación puede ser o bien una poderosa reacción negativa, un agobiante sentimiento de que algo no está totalmente correcto, o una respuesta en blanco: no sentir nada. Me ha llevado años aprender a detectar mis respuestas corporales intuitivas. En ocasiones todavía las he seguido negando e ignorando, al pensar en que sencillamente podía apelar al poder de la voluntad, al deseo y a la fortaleza mental. Y todavía tengo mis puntos ciegos, esos lugares que hay en mí y que me condujeron directamente hacia lo que sabía que me producía alergia.

Había sobrevivido a los terroristas en Argelia. Pero me equivoqué cuando ignoré mis instintos en Casablanca. Había quebrantado mi propia regla: «No bebas la leche.»

Cuando regresé a mi habitación del hotel en Casablanca, revolví en mis maletas hasta que encontré algunas hierbas para el estómago que había traído en caso de alguna emergencia como ésta.

Me tomé un puñado, luego me acerqué a la ventana y abrí las cortinas. Pude volver a contemplar las mismas vistas que había contemplado anteriormente, la primera vez que estuve aquí. Mujeres con velo y hombres de ojos negros llenaban las calles de la ciudad. Los ruidos procedentes de las radios, coches y sirenas de barco me llegaban atronadores a través de la ventana. El hollín cubría todos los edificios, tanto los modernos rascacielos como las antiguas tiendas árabes. Maurice, mi amigo de América, había estado en lo cierto. Casablanca era, a pesar de todo, una sucia ciudad portuaria. Pero se había convertido en algo más que eso. Ahora, se había convertido en un puerto seguro y en un hogar.

Mi tiempo aquí se agotaba. Pronto estaría viajando hacia El Cairo, en Egipto. La energía de este viaje estaba a punto de cambiar nuevamente. No tenía la menor idea de lo que me esperaba, ningún atisbo de lo que me depararía el destino. Durante un momento, tomando en cuenta mi malestar de estómago, me pregunté si debería cancelar mis planes y regresar a Estados Unidos. Ese pensamiento desapareció rápidamente. Ya había llegado demasiado lejos. No me podía volver atrás.

Había sobrevivido a mi iniciación en el vórtice del terrorismo en Argelia. Había hecho las paces con Marruecos. Ahora estaba a punto de introducirme en el conocimiento de la antigua escuela egipcia de misterios.

TODAVÍA NO PUEDO COMPRENDER por qué usted tuvo que quedarse tanto tiempo en los países por los que pasó, y luego, repentinamente, decidir no volar a Grecia para disfrutar de la parte lujosa de su vacación —dijo mi interrogadora de El Cairo.

—Se debió, probablemente, a una combinación de mi alergia ante los productos lácteos y a la diferencia en el modo en que tratan la leche aquí —dije—. Pero me puse enferma por beber leche.

Me odié a mí misma por lo que sucedió después. Comencé a llorar.

—No he hecho nada malo —dije—. Estoy cansada. Me siento enferma. Y lo único que deseo es regresar a casa.

La mujer me miró. Comenzó a hablar otra vez con el hombre que tenía a su lado, en un idioma que no podía comprender. Luego se volvió hacia mí.

—Siento que esto haya tenido que durar tanto tiempo —dijo—. Ahora se puede ir.

El interrogatorio concluyó tan rápidamente como había comenzado. No pude comprender exactamente lo que había sucedido, pero el caso es que había terminado. El vuelo a Tel Aviv tenía varias horas de retraso. El interrogatorio había durado casi todo ese tiempo. Me senté en la sala de espera, aguardando la llamada para embarcar, y me pregunté si me estarían vigilando u observando.

Descansé cuando llegué al aeropuerto de Tel Aviv. Se sentía más etéreo, mucho más liviano que los aeropuertos del norte de África; se parecía más al interior de una iglesia luterana que a una terminal. Debido a que aquí tenía que cambiar de aerolíneas, tuve que retirar mi equipaje, pasar la aduana y volverlo a entregar para el vuelo a Estados Unidos. Incluso con la demora en El Cairo, disponía de más de cuatro horas antes de que saliera mi avión. Reuní mis maletas, busqué un carro para llevarlas y comencé a empujarlo por el amplio aeropuerto.

Cuando pasé frente a un restaurante que estaba abierto toda la noche, decidí detenerme para comer un bagel*.

Miré a mi alrededor y observé el encantador porte y los rituales de la gente que me rodeaba. Hubiera deseado haber dedicado una parte de mi tiempo de este viaje para visitar esta ciudad. Incluso considerando este contacto limitado con Israel, sentada en el restaurante del aeropuerto en medio de la noche, encontré interesante su cultura.

Ésta fue la tierra donde Cristo vivió, caminó y en la que realizó Su obra.

Recordé una conversación que tuve con Nichole poco antes de partir para este viaje. Ocurrió cierto día cuando le pedí que me buscara un versículo especial de la Biblia. Ella me copió el texto en un pedazo de papel, me lo trajo y comenzó a leerlo en voz alta.

—Mateo 22:35 —dijo—. Entonces uno de ellos, que era intérprete de la ley, le hizo una pregunta para tentarlo, diciendo: «Maestro, ¿cuál es el mandamiento mayor de de la ley?» Jesús le contestó: «Amarás al Señor tu Dios con todo tu corazón, y con toda tu alma y con toda tu mente. Éste es el mayor y primer mandamiento. El segundo es semejante a...»

Nichole dejó de enredarse con el grueso texto y se limitó a mirarme.

—No sabía que ellos ya hablaban entonces como las Chicas del Valle —dijo.

—Sigue leyendo —ordené yo.

—«Amarás a tu prójimo como a ti mismo.»

—La mayoría de las personas no saben cuánto se odian a sí mismos —dijo un momento después.

° Especie de sándwich típico del país. (*N. del T.*)

Estuve de acuerdo.

—Cuando uno le dice a la gente que no se ama a sí misma, se muestran extrañados y dicen cosas así: «¿Cómo puede uno no amarse a sí mismo?» o dicen: «No puedo comprender eso porque lo cierto es que yo me amo a mí mismo.» Pero cuando uno los observa, sabe que eso no es verdad. Se odian a sí mismos, también. Lo que ocurre es que no lo saben.

—Solía preocuparme el porqué algunas personas tenían que sufrir tanto dolor en la vida y estar tan conscientes de ello, mientras que otras se sentían simplemente felices de ir a jugar bowling —dijo, como una especie de reflexión posterior—. Durante mucho tiempo, pensaba que, tal vez, éramos castigados por algo. Pero ahora esto ya no me preocupa.

—¿Por qué? —pregunté.

—No creo que la gente que sufre mucho dolor sea porque la estén castigando —contestó—. Creo que ellos son los elegidos.

Concluí mi refrigerio y me acerqué a la ventanilla de la seguridad, segundos antes de que llegara un grupo de unos cientos de viajeros japoneses. Uno de los guardias, una mujer, señaló hacía un pasillo a la derecha y me pidió que me quedará allí. Hizo que el grupo turístico formara cola en el pasillo contiguo al mismo. Luego comenzó a atenderles a ellos primero. Me puse a mirar la fila de al lado. Ésta iba a ser una noche larga.

Me acerqué al guardia de seguridad.

—En realidad, yo estaba aquí antes que ellos —dije—. Es tarde. Estoy cansada. Y usted me pide que me quede aquí. Pero aquí no me atiende nadie.— ¿Estoy en el lugar equivocado? —pregunté.

—No, no lo está —dijo.— Por favor, venga conmigo.

Me condujo a una mesa, lejos de la multitud, en el extremo opuesto del salón. En el otro lado del mostrador había dos mujeres uniformadas. Ambas parecían chicas universitarias. Una de ellas, la que llevaba el pelo marrón oscuro hasta los hombros, fue la única que habló.

Comenzó por hacerme preguntas simples: cuánto tiempo había estado viajando, con quién estaba viajando, qué hacía una mujer norteamericana viajando sola. A cada una de mis respuestas, respondía con un poco emotivo «ya veo».

Me pidió que le mostrara alguna prueba de que era escritora. Le dije que no tenía ninguna. Quería saber por qué no había traído ninguno de mis libros. Le dije que lo había estado considerando, pero que ya tenía demasiado equipaje y no tenía más espacio. Me preguntó por qué había venido a Tel Aviv, y a quién quería ver o encontrar aquí. Le dije que a nadie, que estaba haciendo transbordo de aviones y no pensaba salir del aeropuerto; que era una parada breve en mi regreso a Estados Unidos.

Luego regresó al asunto de que probara que era escritora. Le mostré unas pocas hojas de papel, cartas a mis editores y algunos faxes relacionados con mi trabajo.

—¿Qué ha escrito usted? —me preguntó.

—Cientos de artículos periodísticos —le contesté.

Diablos, pensé. Me equivoqué en la respuesta.

—Y ocho libros. El libro por el que se me conoce más en mi país es *Codependent No More*.

—¿Qué es eso? —me preguntó.

—Un milagro —le contesté.

Ella se me quedó mirando.

—Es acerca de aprender a tener cuidado de uno mismo, cuando la gente que le rodea a uno preferiría que no lo hiciera porque desean que usted cuide de ellos.

Y eso mismo querría usted: preferiría cuidar de ellos en lugar de cuidar de usted misma —le dije.

—¿Cuál es el título del libro que usted está escribiendo ahora? —me preguntó.

—*Deja de hacerte daño.*

—¿Qué significa eso? —preguntó.

Para entonces, me sentía aislada, perseguida, furiosa. Y mezquina. ¿Cómo podría alguien, incluso ella misma, no saber lo que eso significa? Convencida de que me estaba atormentado deliberadamente, tomé una profunda inspiración, me incliné hacia ella, a unos pocos centímetros de su cara, y comencé a hablarle.

—Vivimos en un mundo con un espíritu muy mezquino —le dije—. Hay mucho de eso por ahí. La gente está asustada. No sabe qué esperar. Pero el problema es que en un mundo que ya es de un espíritu bastante mezquino, muchos de nosotros hemos recogido toda esa rabia y todo ese temor y los hemos volcado sobre nosotros mismos. Estamos siendo mezquinos con nosotros mismos. Éste es un libro que trata de lograr que no hagamos eso.

Ella hizo una pausa. Pensé que habíamos terminado. Pero volvió a dirigirse a mí.

—¿Qué podría tener que ver la gente de esos países que usted visitó, con todo esto? —preguntó.

—Tenemos cosas (experiencias, emociones, lecciones) en común con todas las personas —dije suavemente—, sin importar dónde vivimos.

—Explíqueme eso, por favor —dijo.

Tomé otra inspiración profunda. Allá vamos otra vez, pensé.

Capítulo 6

Shisha

E L CAIRO, LA CAPITAL de Egipto
con alta densidad de población
y la ciudad más grande de África, se extiende desde la orilla
oriental del Nilo hasta el comienzo del Sáhara, el más
extenso desierto de este planeta, un desierto casi del tamaño de los Estados Unidos de América. En esta ciudad
de contrastes extremos entre la antigua arquitectura
árabe y los resplandecientes rascacielos, muchas personas dependen para el transporte tanto de caballos,
camellos y burros como de los autobuses, coches y aviones. La religión islámica es la ley de la tierra en este
antiguo centro del comercio, el arte y la cultura musulmana. Mientras que El Cairo se ha convertido, en el
Oriente Medio, en un núcleo destacado para publicaciones, radio y televisión, algunos dicen que la exportación más importante de esta capital mística sigue siendo todavía la vida después de la muerte.

En el momento que bajé del avión en El Cairo supe
que acababa de empezar la parte más suave de mi viaje. Se alivió aquella pesadez: el terror y los aspectos de
supervivencia básica de Argelia, la pobreza y la deses-

peración de Marruecos. Tras el paseo fugaz a través de los campos de batalla de Argel, caminar por el aeropuerto de El Cairo se sentía igual que estar de regreso en casa, en Estados Unidos.

Había gestionado el contratar un vehículo con chófer, que me dijeron sería una mujer, con el fin de que me recogiera en el aeropuerto; todo lo que tenía que hacer era recoger mi equipaje, pasar la aduana y encontrar el coche. Mientras esperaba en cola para mostrar mi pasaporte, no pude evitar darme cuenta de todos los letreros que había sobre las paredes. Esos enormes carteles con letras muy visibles no tenían desperdicio:

«BIENVENIDOS A EGIPTO. LOS QUE CONSUMAN SERÁN EJECUTADOS O CONDENADOS A CADENA PERPETUA. TENGAN UNA FELIZ ESTANCIA.»

Bueno, pensé, *disfrutaré de una buena estancia.*

Le mostré mi pasaporte al funcionario de aduanas, pasé el control de la policía y luego me dirigí a la puerta de salida del aeropuerto. Se siente uno tan liberada por no tener que protegerse durante el camino al hotel, pensé, recordando mi experiencia en el aeropuerto argelino.

Segundos después de que ese pensamiento cruzó por mi mente, un joven extremadamente cortés vestido de uniforme se apresuró a atravesar el salón, interceptándome. Me preguntó adónde me dirigía. Le contesté que me habían dicho que un vehículo y la mujer que lo conducía me estarían esperando afuera. Me miró como si yo hubiese perdido el juicio.

—No lo creo —dijo.

Insistí en que tenía un chófer esperándome. Me dijo que se quedaría vigilando mi equipaje mientras yo lo comprobaba afuera. Salí a la calle frente al aeropuerto y miré alrededor. No vi ningún vehículo, ni a nadie que me estuviese esperando, especialmente, ninguna mujer. Regresé adentro hacia el joven que guardaba mi equipaje.

—El vehículo no ha llegado todavía —dije—. Esperaré.

—Le buscaré un chófer —insistió.

Me acerqué a la ventanilla de cambios para canjear algo de moneda estadounidense por libras egipcias. El educado joven se marchó a buscarme un taxi. Cuando regresé donde estaba mi equipaje, había cinco jóvenes afables esperando acompañarme a mí y a mi equipaje hasta el taxi. Cada uno de los jóvenes llevó al menos una pieza de mi equipaje. Luego cada uno de los jóvenes extendió la mano, esperando una propina. Esto puede llegar a ser costoso, pensé, dejando unas pocas libras en cada una de las manos extendidas.

Me subí al coche, le di al chófer el nombre del hotel en el centro donde tenía hechas las reservas, luego me arrellané en el asiento. El chófer se metió en el tráfico. A los pocos momentos me encontraba en el borde del asiento.

No existían marcas de carril en el pavimento o, al menos, alguna que el conductor respetase. Los coches se acercaban veloces y nos cruzaban por la derecha o por la izquierda. Los chóferes insistían en meterse entre las filas estrechas que formaban los coches, creando su propio carril en un espacio por el que no podía pasar ni una motocicleta. Los coches giraban a la derecha o a la izquierda cuando les venía en gana, desde cualquier carril donde se encontraran, a pesar de las indicaciones de tráfico en sentido contrario.

Me acerqué al chófer.

—Esto es como ir en uno de esos coches que chocan, en el parque de atracciones —dije.

Se sonrió y aprobó con la cabeza.

A pesar del caos aparente, parecía existir un ritmo, un flujo, para el tráfico. No presencié demasiados accidentes, y estuve pendiente de ello. Me imaginé que todo iría bien. Me volví a echar hacia atrás y me quedé tranquila durante el resto del viaje.

Aunque se había hecho tarde, casi las diez de la noche, cuando llegamos al hotel, no me sentía cansada. Algo o alguien parecía estar llamándome. *Más tarde supe que era verdad*. Le pedí al chófer que me esperase, luego subí rápidamente a mi habitación después de inscribirme y regresé al taxi.

El chófer, un hombre emotivo, de piel oscura, fumador empedernido y de complexión media, a quien le calculé unos cincuenta años de edad, hablaba una extraña combinación de árabe y de inglés muy deficiente. No sabía dónde pedirle que me llevara, o qué se podía visitar aquí, en El Cairo. Excepto por la reserva del hotel, estaba viajando por instinto. Comenzó moviéndose sin una dirección determinada. Como se había hecho más de noche, el tráfico había aumentado. Las calles se veían frenéticas ahora. Pronto me sentí yo también así.

Después de unos diez minutos, llegamos hasta una parte más tranquila de la ciudad. Sea donde fuere que estuviéramos, se sentía más calmada, más pacífica. Súbitamente divisé una parte del río Nilo, el río que fluye hacia el norte, el río más largo del mundo, el río de Cleopatra.

—Ahh —dije.

Casi de repente, el chófer enfiló en dirección opuesta, alejándose del río y dirigiéndose hacia el lugar de donde veníamos, de regreso al caos. Dio vueltas y más vueltas. Me pareció que estábamos avanzando en círculos. Comencé a señalar en una dirección; no tenía certeza de por qué lo hacía.

—Vaya en esa dirección —le dije—. ¡Vaya por allí!

Obedeció mis órdenes. Pronto comenzamos a notar que el intenso tráfico del centro de la ciudad disminuía. Sentí una energía diferente que me atraía hacia allí.

—Siga adelante —le ordené.

Repentinamente, a lo lejos, las distinguí; elevándose sobre el horizonte, iluminadas con luces de colores para los espectáculos nocturnos, las cúspides de las pirámides de Giza. Ahora sabía lo que me estaba atrayendo.

—Eso es —dije—. Por eso es por lo que estoy aquí.

Pasó de largo unos puestos de venta para turistas y entró en un área cercada del otro lado de las pirámides. Me bajé del coche y corrí hacia la valla de malla de alambre. Las tres grandes pirámides de los faraones —Kéops, Kefrén y Miquerinos— se elevaban majestuosamente del polvo del Sáhara. Los cálidos vientos nocturnos arrastraban una suave brisa de arena por el aire. Mis zapatos negros se volvieron de color marrón claro debido al polvo mientras absorbía la energía de estos misteriosos monumentos de ultratumba. En media hora me había trasladado desde el desorden y el tumulto de la bulliciosa ciudad de El Cairo hasta el borde del desierto del Sáhara y me hallaba ante una de las Siete Maravillas del Mundo.

Me quedé boquiabierta ante semejante visión.

Acababa de entrar en el interior de uno de los vórtices más poderosos de este planeta.

Tan sólo unos momentos después sentí una presencia siniestra incidiendo en mi ensimismamiento. Me di la vuelta. Tres hombres de piel oscura de cerca de treinta años que se me estaban aproximando amenazadoramente, venían directos hacia mí, para arrinconarme contra la valla.

Busqué frenéticamente a mi chófer. Se había quedado atrás observando, a unos siete metros de donde yo estaba. Lo miré, enviándole un mensaje de ayuda sin palabras. Evitó mis ojos, me dio la espalda y comenzó a alejarse.

¡Dios mío! No podía creerlo. Me estaba dando por muerta.

No podía ni hablar. No podía encontrar palabras. Sentí como si se me cerrara la garganta. Me sentí paralizada. Permanecí inmóvil, observando lo que iba a suceder. Los hombres se hallaban a unos pocos pasos de mí.

—¡No me abandone!

No sé si grité aquellas palabras o se las envié telepáticamente.

El chófer escuchó.

Se detuvo y se dio la vuelta. Luego me miró con la expresión más extraña, como si se estuviera arrepintiendo o cambiando de idea. Sentí como un parpadeo de reconocimiento —algo casi tan antiguo como las pirámides— ante esta situación delicada. En un instante, casi en el momento en que los hombres iban a actuar, el chófer había regresado a mi lado. Me rodeó la cintura con su brazo, empujó a los hombres a un lado y se apresuró a meterme en el coche.

Se había traspasado algún umbral, se había establecido alguna forma de comunicación entre este hombre furtivo, de ojos oscuros, fumador empedernido, y yo. Regresó haciendo un rodeo alrededor de las pirámides, para llegar al centro de un asentamiento que, más tarde vendría a enterarme que se llamaba Giza. Pasó a lo largo de bloques de pequeñas tiendas árabes, que ahora estaban cerradas por ser de noche, luego dobló por la calle de la Esfinge. Después de unos momentos, entró en un amplio solar con piso de arena y aparcó el coche al fondo del mismo, delante de una pequeña tienda.

El sencillo letrero que había en el escaparate iluminado de la tienda anunciaba su nombre: Perfumes El Palacio de los Lotos. Diminutas botellas de adorno de todas las formas y colores —rosadas, rojas, doradas, verdes y púrpura—, se veían alineadas sobre las vitrinas y estantes. La puerta estaba abierta. Había varios hombres sentados en un banco enfrente de la tienda. Del otro lado del recinto, frente a una casa, había un camello arrodillado sobre el suelo, sonriendo y mascando heno mientras una mujer lo cepillaba vigorosamente.

Uno de los hombres que estaba sentado en el banco se levantó, se acercó al coche y abrió la puerta.

—Bienvenida al pueblo de Giza —dijo—. Mi nombre es Essam.

Miré al hombre que mantenía la puerta abierta. Llevaba una larga y oscura falda sobre los pantalones. Era de mediana estatura, ligeramente grueso, con un pelo que ya le había comenzado a escasear. Tenía ojos amables, una dulce cara redonda y un espíritu delicado. Bajé del coche y le tendí la mano.

Conversamos durante un minuto. Le dije de dónde era, y que acababa de llegar a El Cairo hacía una hora.

—¿Le gustaría ver las pirámides? —preguntó.

Acepté la proposición.

—¿Le gustaría montarse en un camello para ir hasta allí?

Tragué saliva, y luego dije que sí.

—Pero es demasiado tarde —le dije—. ¿Cuánto me va a costar?

—No se preocupe —respondió Essam—. Estamos en el Ramadan, es un tiempo de dar, de recordar a Alá. Acérquese a las pirámides y perciba los poderes que tienen, en la primera noche que pasa aquí. Al regreso me paga lo que crea que haya valido la visita.

Pasé mi pierna derecha sobre el lomo jorobado de la criatura más grande con la que me había encontrado en mi vida. Me sujeté a la silla. El camello se sacudió al alzarse sobre sus patas, enviándome suavemente hacia atrás. Luego comencé a hacer gestos sin conseguir que se detuviera, a medida que el camello avanzaba a lo largo del estrecho pasaje contiguo al solar, descendiendo hasta un bloque de tiendas subiendo después por la ladera de una montaña, y bajando finalmente hacia el desierto. Un chico de unos diecisiete años, el sobrino de Essam, iba a mi lado montando un caballo.

Cabalgamos hasta unos cuantos metros de las pirámides, y nos detuvimos. El Sáhara me rodeaba. A lo lejos, el resplandor de las luces de El Cairo tocaban el filo del cielo nocturno. Me senté sobre el camello contemplando las pirámides, la Esfinge y el desierto. La agitación y el temor que había sentido antes desaparecieron. Estaba a salvo.

Después de unos veinte minutos, cabalgamos de regreso hasta la tienda de perfumes. Essam me aguardaba con una taza caliente de té egipcio. Me aseguró que había sido preparado con agua embotellada. Me dijo que no deseaba que me pusiera enferma.

Le di una propina al muchacho del caballo por haberme acompañado. Puse un puñado de libras en las manos de Essam y le di las gracias. Dijo que le había dado demasiado dinero, y me devolvió la mitad. Conversamos durante un rato. Le dije que no sabía cuánto tiempo me quedaría en El Cairo, posiblemente unas cuantas semanas. Me aseguró que me ayudaría en la medida que pudiera. Hice planes para volver en uno o dos días, luego le pedí al chófer que me llevara de regreso al hotel.

Desde el momento en que lo conocí, supe que Essam sería un maestro y un amigo.

De vuelta en el taxi, nos llevó unos quince minutos volver a entrar en el caótico distrito céntrico de El Cairo. Al poco tiempo divisé mi hotel alzándose a lo lejos. Nos fuimos acercando cada vez más, luego vi el hotel desaparecer detrás de nosotros.

—¿Adónde vamos? —pregunté.

Vendrá conmigo a tomar café ahora —dijo el chófer con firmeza.

—No, gracias —le dije.— Estoy cansada. Lléveme de regreso al hotel.

—Va a venir conmigo —dijo.

Pasó bajo un puente, luego aparcó el coche en un pequeño terreno, demasiado pequeño para los diez coches que estaban estacionados allí. Se acercó hasta mi puerta, la abrió, me tomó de la mano y me ayudó a bajar.

—¿Adónde vamos? —pregunté nuevamente.

—Café —dijo bruscamente.

—No deseo café —le respondí. Es demasiado tarde...

Me ignoró y siguió caminando, tirándome de la mano.

Subimos unos escalones, pasamos sobre un puente peatonal, bajamos las escaleras y cruzamos una calle. Yo estaba llena de polvo del desierto, confusa, asustada y extraña. Para entonces, mis medias se me habían caído sobre los tobillos, pero caminábamos demasiado deprisa para podérmelas subir. Doblamos una esquina y entramos en una sección de la ciudad que no tenía tráfico de coches. En lugar de ello, personas: cientos, miles de personas, se apiñaban en las calles. Estaban tan apiñados que no había espacio entre los cuerpos. Al moverse por la calle, la gente iba tocando a los que tenía delante y a los de detrás. Sin embargo, vi y sentí el mismo ritmo errático aquí, entre esta masa de gente, que el que había observado entre los coches. El chófer y yo fuimos literalmente barridos por la multitud de personas, y nos movíamos conforme al ritmo pulsante de esa masa danzante.

Las aceras estaban repletas de tiendas antiguas, apiñadas unas sobre otras. Vi platerías. Puestos de fruta abarrotados de dátiles y naranjas. Ropa. Alfombras. Toda clase de productos egipcios, cacharros y alimentos imaginables. Debía ser más de media noche, no obstante, todas las tiendas estaban abiertas. Por primera vez en todos mis viajes a través del mundo árabe, pude ver a mujeres conversando, caminando, comprando. No sabía a lo que atender, si a los almacenes y a sus coloridos escaparates, o a tratar vigorosamente de mantener mi lugar en la fila. Alguien me pellizcó el trasero. No pude dejar de moverme. Podía haber sido pisoteada. Miré por encima de mi hombro. Un hombre encorvado, de pelo gris y de poca altura, de unos ochenta años de edad, me hizo un gesto. No tenía dientes. Lo fulminé con la mirada, y luego me di la vuelta.

De repente caí en la cuenta. Oh, pensé. Éste es el *souk*.

Recordé lo que el agente de viajes me había dicho sobre los *souks*, los misteriosos mercados del mundo árabe. «Se extienden a lo largo de kilómetros. La gente vive allí dentro. Nacen, viven y mueren allí. Tenga cuidado. La gente puede entrar en ellos y no salir nunca.»

—¿Es esto el *souk*? —le grité a mi chófer, hablando bastante despacio para que me pudiera entender y suficientemente alto para hacerme oír por encima del bullicio de la multitud.

Asintió con la cabeza.

—El *souk* —dijo.

Seguimos adelante, calle tras calle, adentrándonos cada vez más en el *souk*, arrastrados por la inmensa multitud ambulante. Finalmente, mi chófer me sacó de la calle principal y me condujo, subiendo por unos escalones, hasta un pequeño negocio. Me guió por todo el almacén hasta una galería en el segundo piso. Sacó una silla delante de una mesa pequeña y dijo:

—Siéntese.

Deseaba subirme las medias, pero no sabía cómo me sería posible hacerlo. Estaban totalmente enrolladas sobre mis tobillos.

De modo que me senté. El chófer se sentó a mi lado. Minutos después, vino un camarero hasta la mesa. Parecía conocer a mi chófer. Hablaron en árabe durante unos minutos. Momentos después, el camarero regresó portando la más grande y adornada pipa oriental de agua, o narguile, que yo había visto en mi vida, dejándola en el suelo.

El chófer encendió los carbones como un experto, aspiró una enorme y profunda bocanada, luego me pasó el tubo de aspirar a mí.

Miré alrededor de la galería. Había cuatro o cinco pequeñas mesas más, ocupadas mayormente por hombres. Todos ellos estaban fumando pipas de agua. Oh, Dios mío, pensé. Me van a drogar y a secuestrar. Todo está a punto de suceder ahora. Estoy presenciando cómo sucede. He sido transportada en secreto al equivalente egipcio de un fumadero de opio.

Deseaba ser invisible en este viaje, pero no quería desaparecer.

Por segunda vez en aquella noche me quedé paralizada de miedo. Una vez más, sentí un antiguo movimiento dentro de mí, en esta ocasión era un recuerdo de haberme sentido impotente, incapaz de hablar, imposibilitada de defenderme a mí misma.

Espera un momento, pensé. Soy una mujer de cuarenta y siete años. ¿Qué pueden querer o hacer de mí, incluso si me retuvieran?

Me tranquilicé durante un momento, luego me acordé del cartel en el aeropuerto: LOS QUE CONSUMAN DROGAS, O SERÁN EJECUTADOS O CONDENADOS A PRISIÓN PERPETUA. No importa lo que esté por suceder, no parece tener buen aspecto, pensé. Tengo que salir de aquí. Ésta no es una buena cosa.

Miré a mi chófer. Él me estaba mirando, al tiempo que sostenía el tubo de aspirar del narguile, ofrecién-

domelo mientras esperaba. Mi voz se había paraliza-
do. Las manos me sudaban. No podía hablar ni moverme.

*Una noche allá en mi casa, soñé que estaba sola en una vi-
vienda que se encontraba a punto de ser atacada por los ladrones. Una de las puertas no estaba cerrada con llave y podía ser
abierta por cualquiera que deseara entrar. Había tres ladrones
afuera planeando y discutiendo lo que intentaban hacer. Veía a los
ladrones. Los podía oír. Pero no podía hablar ni huir. Me sentía
impotente. Me dominó el pánico. En mi sueño, cogí el teléfono y
marqué el número de emergencia. No hubo respuesta. El teléfono
sonaba como en un vacío. Colgué el auricular y me quedé observando mientras los ladrones discutían la manera de entrar por
la puerta que estaba sin llave. Se reían de los daños que intentaban perpetrar una vez entraran. En mi sueño, lo mismo que en las
pirámides y ahora en el souk, podía ver, totalmente consciente, lo
que estaba sucediendo pero, no obstante, era incapaz de gritar ni
de protegerme. «Auxilio», gritaba en el sueño. Al principio, mi
grito sonaba débil; luego mi voz se fue haciendo más fuerte. Finalmente, grité «¡Auxilio!» tan alto que me desperté y alboroté a
mi pájaro. Minutos después, mientras estaba sentada en mi cuarto de estar tratando de extraer algún significado del sueño, podía
sentir todavía las vibraciones de mi grito.*

*Estando todavía en casa, unos días después, tuve otro sueño
parecido. En ese sueño entraba una mujer en mi casa sin ser in-
vitada. Sabía que no tenía buena voluntad; tenía intenciones de hacer daño. No la quería allí, pero ella se empeñaba en entrar en mi
casa, de todos modos, como si tuviera derecho a estar allí. Una vez
más, me quedé observando, sin poder hablar y paralizada. Finalmente, pude reunir el coraje, la energía y la fuerza para superar
el bloqueo y decir las palabras que estaban en mi garganta. «Vete»,
grité finalmente, despertándome nuevamente. «¡Vete!»*

*En casa, mis sueños me devolvieron a la infancia, y a uno de
los varios incidentes que hubiera deseado que fueran sólo sueños.
Cuando tenía doce años, solía quedarme a cuidar algunos niños
de las familias que vivían en mi vecindad. Una familia para la que
trabajaba con frecuencia era una pareja muy respetable y amiga-
ble, que tenía tres niños pequeños. Me gustaba su casa. No era lujosa, pero era limpia y agradable. Me gustaban esos niños. Y me pa-
gaban cincuenta centavos la hora, que era un buen dinero para la
época. Un día de Nochebuena, en el que me había quedado con los
chicos, la pareja regresó tarde a casa. Yo me había quedado dormida en el sofá cuando llegaron. La mujer se metió en el dormitorio. Yo estaba demasiado cansada, era muy tarde, y era demasiado joven para darme cuenta de lo borracho que estaba el hombre,
demasiado bebido como para poderme llevar a casa en su coche. En
el camino a casa, en lugar de doblar en la esquina donde yo vivía,
siguió recto. Tras pasar unas pocas calles, aparcó el coche. Al momento siguiente el hombre estaba encima de mí, totalmente encima,
quitándome la ropa. «Deténgase» es lo que yo quería gritar: «¡Quí-
tese de encima! ¡Váyase!» No pude. Aquellas palabras también se
me habían atravesado en la garganta. Me quedé allí, helada, hasta
que terminó, se subió los pantalones y me llevó a casa.*

Ahora, en la galería de un segundo piso de la pequeña tienda árabe, en el corazón del souk en El Cairo,
Egipto, me esforzaba por hacer salir las palabras a través del mismo bloqueo en mi garganta. Las palabras
surgían débiles al principio, como el agua que comienza
a salir de una cañería oxidada. Pero al final salieron.

—¿Hachís? —pregunté, señalando la pipa de
agua—. ¿Es eso hachís?

El chófer me miró, se echó para atrás en su silla y
comenzó a reír. ¿Hachís? ¡No! Me dijo. «No hachís.
Shisha.

—¿*Shisha?* —dije yo.

—*Shisha* —me contestó.

—¿Qué es *shisha*? —pregunté.

Tabaco egipcio. Impregnado en miel. Se fuma como *shisha* —me dijo, señalando a la pipa—. Es bueno.

—¿Tabaco? —le dije, señalando a la pipa—. ¿Eso es lo que es?

—*Shisha* —dijo—. Pruebe un poco.

Miré a las otras personas en la galería. Esta vez las estudié más detenidamente. Todos estaban bebiendo zumos de frutas y tés. Me fijé en el menú que estaba en la pared, tratando de leer las palabras. Me hallaba en un bar de zumos, el equivalente egipcio de una tienda de alimentos naturales. La única diferencia era que, aquí, los negocios de alimentos naturales servían el zumo con una pipa de agua y tabaco. Olí la *shisha*. Olía bien, como tabaco puro de pipa. Pensé en probar una bocanada, pero entonces, acordándome de mi experiencia en Marruecos con la leche, decidí no hacerlo. Mi estómago todavía me está molestando. Ordené un vaso de zumo de mango y me quedé tranquila.

Hace diez años, una pitonisa, una gitana a quien yo conocía entonces, quiso hacerme una lectura. Entre el campanilleo de sus joyas extrajo su bola de cristal. Sus ojos resplandecieron cuando comenzó a mirar dentro de la esfera de cristal. Tras unos momentos, me miró a los ojos e hizo su solemne pronunciamiento extrasensorial.

—Veo, ya estoy llegando, que tú no te amas realmente a ti misma —dijo.

—Dime algo que yo no sepa —le contesté.

Aunque probablemente no sería elegida para el salón de la fama del autofastidio, sabía que había tenido momentos en los que había estado muy cerca. Tuve que luchar contra mi autodesprecio, mi temor, y a veces contra un abierto odio a mí misma. Estaba tan inclinada a traicionarme y engañarme a mí misma como lo estaba en permitir que otros me traicionaran o me manipularan. Pero no podía apreciar una gran diferencia entre yo misma y la mayoría de la gente que conocía.

Las palabras de la gitana las llevé clavadas durante años, implantadas en mi psique como un objeto extraño. Estaba de acuerdo con ella; probablemente yo no me amaba a mí misma tanto como debía. El problema era que me amaba a mí misma tanto como podía y tanto como sabía hacerlo.

Mirando hacia atrás, fue probablemente entonces cuando comencé a glorificar la idea del autoamor, convirtiéndolo en un ideal. Lo busqué como si se tratará del Santo Grial; oculto, sencillamente fuera del alcance, a pesar de ser una causa valiosa y noble. Comencé a creer que el autoamor era una condición estática, lo mismo que alcanzar la mayoría de edad. Una vez que una persona es mayor de veintiún años, habrá superado esa edad para siempre. Tenía la idea de ir por la vida amándome a mí misma todo el tiempo, de cierta manera narcisista, sin sentir ninguna emoción, ni sentirme atormentada; marchando simplemente resplandeciente, contenta (y podía añadir, en *forma nauseabunda*) amándome a mí misma. Esta descripción nunca me llamó la atención, y probablemente nunca lo haría. Sí, me convencí con el paso de los años que la gitana tenía razón. Yo no me amo a mí misma.

Es mejor para mí no seguir consultando a los echadores de cartas, no porque sean malos, estén equivocados o sean necesariamente perversos, sino porque soy demasiado susceptible. Es bastante fácil para mí manejar mi bola dorada de poder sobre las personas que puedo ver. Soy un blanco ambulante para entidades invisibles, o para aquellos que se atribuyen tener contactos privilegiados con poderes invisibles. Y tengo pendientes de desentrañar suficientes conceptos falsos de mí misma, especialmente sobre el amor.

En Aikido, el arte marcial que he estado practicando, el estudiante aprende a ser fuerte y, no obstante, delicado; a estar relajado y, sin embargo, alerta e intuitivo. La palabra «Aikido» significa «el camino de armonizar y unificarse uno mismo con el espíritu y energía del universo». Aprender Aikido es un compromiso para toda la vida. Y un estudiante puede practicar y seguir mejorando en ello todo el tiempo. La luz que hay en esa bola dorada de poder, la que todos tenemos en nuestro plexo solar, no se deteriora con la edad. Se acrecienta a medida que el estudiante adquiere y practica ciertas disciplinas, como el «rolling forward», el «rolling backward», y aprende a respirar. Cierto día, mi maestro me dijo que O Sensei, el fundador del Aikido, siguió haciendo exhibiciones hasta el día de su muerte. El maestro salió incluso de la cama del hospital y realizó una exhibición final de sus habilidades poco antes de su fallecimiento.

Estos mismos conocimientos han reemplazado ahora mis nociones idealizadas acerca del autoamor. Amarnos a nosotros mismos requiere un compromiso de toda la vida. Se trata del arte de crecer en nuestra capacidad de vivir en armonía con nosotros mismos, y con el espíritu y energía del universo. Y si permanecemos practicando ciertas disciplinas, incluyendo la respiración, podemos ir mejorando en todo esto a lo largo de nuestra vida. Nuestra bola dorada de poder seguirá sencillamente resplandeciendo de forma más brillante.

En un punto determinado, entre el autodesprecio abyecto y la grandiosidad y el narcisismo de creernos que somos impenetrables, y que conocemos mejor lo que deben hacer las demás personas en el mundo, se encuentra el espacio sagrado que llamamos autoamor. Se trata de un portón y de un pasadizo. La manera de encontrarlo es un misterio; y también lo es su poder para llevarnos al próximo lugar.

Mientras que algunas personas dicen que el temor, el odio y el desprecio son los opuestos del amor, yo no sigo apreciando que la vida sea semejante conjunto preciso de dualidades. Creo que nuestro temor, odio y desprecio, incluso esos momentos de desprecio por nosotros mismos que nos chocan y causan que se paralice nuestra voz, son sólo barreras, obstáculos y bloqueos que debemos superar en el camino para encontrar ese lugar sagrado.

El vertiginoso vórtice de energía de El Cairo me había transportado, en las escasas horas que llevaba en este lugar, hasta el Nilo, hasta las antiguas y místicas pirámides, hasta la Esfinge, hasta Essam y hasta el souk. Pero también me había llevado de regreso a mí misma. Mientras me hallaba sentada en la galería del segundo piso de la tienda árabe de alimentos naturales, saboreando mi bebida de mango, se me volvió claro el mensaje. *Cuando la vida se vuelve hacia ti, tanto si ese volverse es real como imaginado, aclara tu garganta. Habla en voz alta. Díselo a alguien a quien le importe. Y, lo más primordial, apren-*

de a decírtelo a ti mismo. La sabiduría de los tiempos puede estar enterrada en las tumbas de Giza, pero también está enterrada en lo más profundo de cada uno de nosotros.

Miré hacia abajo sobre la ajetreada calle. Lo vi en ese momento al otro lado de la calle, frente a nosotros. La primera vez que me había dado cuenta de que se hallaba allí fue mientras yo avanzaba por las calles congestionadas, cuando veníamos hacia este lugar. Fue entonces cuando captó mi atención. Ahora lo encontré muy apremiante. Señalé al hombre, luego sacudí el brazo de mi chófer, tratando de hacer que dejara la *shisha.*

—¿Quién es ése? —pregunté—. ¿Y qué está haciendo?

M IRÉ ALREDEDOR DEL SALÓN en el que me hallaba, en el aeropuerto de Tel Aviv. A esta hora, la multitud de viajeros se había reducido a una o dos personas. Toda la fila de turistas japoneses había pasado el control de seguridad. Los métodos sutiles de los interrogatorios me habían dejado exhausta una vez más.

Las palmas de mis manos me sudaban. Me sentía atemorizada, perseguida y atrapada. Hacía mucho tiempo que no sentía lo que es estar bajo la mira de un cañón. ¿Qué se suponían que hiciese? No podía decir: «No deseo discutir esto» y marcharme. No era lo mismo que hablar ante los medios de comunicación, o ante un amante malhumorado.

No tenía otra elección sino continuar contándoles mi historia.

Capítulo 7

El solar

ALDÍA SIGUIENTE volví a encontrarme con Essam en la tienda de perfumes El Palacio de los Lotos.

Este negocio había pertenecido al padre de Essam hasta que falleció. Ahora Essam y su hermano atendían el almacén. Eran personas amables y musulmanes devotos. Aunque el ayuno del Ramadán continuó a lo largo de toda mi estancia en Egipto, Essam se aseguró de que yo comiese todos los días. Solía hacer que las mujeres de su casa me prepararan un almuerzo egipcio típico, y que los niños me lo trajeran a la tienda. Consistía en un panecillo, rebanadas de queso, dátiles, té caliente preparado con agua embotellada, y alguna fruta —naranja o mandarina— para terminar la comida y limpiar el paladar.

Algunas veces, al final del día, Essam me invitaba a ir con él y con algunos amigos varones de la localidad mientras daban una vuelta, esperando la puesta del sol y la fiesta que rompía el ayuno del día. Para ese momento los hombres estaban hambrientos. Los niños solían salir apresuradamente de la amplia casa contigua a la tienda llevando platos de pollo, arroz y muchos otros manjares egipcios. Enseguida el pequeño almacén de perfumes se convertía en un comedor. Nos dábamos una fiesta, a medida que Essam pasaba los platos de uno a otro, asegurándose de que todos probáramos de cada uno de los suculentos manjares.

La mayor parte de la actividad, sin embargo, tenía lugar afuera, en el solar, sobre el banco de madera que había enfrente de la tienda. Durante el día, y hasta avanzadas horas de la noche, los hombres solían reunirse alrededor del banco. Los niños se ponían a jugar y a montar caballos y burros en el solar. Ocasionalmente solía ver a una mujer cepillando vigorosamente a un camello, pero era raro ver por aquí a una mujer. Algunas veces Essam arrastraba el estante que servía de soporte a un pequeño aparato de televisión en blanco y negro, sacándolo fuera y colocándolo frente al banco. Entonces todos los hombres y los niños varones se reunían alrededor del aparato a mirar.

Aunque me quedé en un hotel en El Cairo, luego me trasladé a un hotel en Giza, donde el polvoriento solar con los niños y los hombres, los camellos y los caballos, el pan y el queso y, a veces, el televisor en blanco y negro, se convirtieron en mi hogar en Egipto.

En este día, inmediatamente después de mi llegada, cuando el taxi en que viajaba se detuvo sobre el polvo enfrente de la tienda, Essam se acercó a un lado del vehículo. Cuando hice mención de pagar al chófer la tarifa que me pidió, Essam me regañó, me dijo no con la cabeza, y me apartó a un lado.

—Te está cobrando de más —dijo Essam—. No te limites a dar a la gente el dinero que te pidan. Aquí se considera como un asunto de honor negociar el precio de todo. No serás respetada si no lo haces. Dale la mitad de lo que te pide. Nada más —dijo Essam firmemente.

Hice lo que me dijo Essam. Él y yo quedamos satisfechos. Finalmente, el chófer también.

El chófer del taxi de la noche anterior me había hablado sobre el hombre del souk, el hombre que me había parecido tan notable.

Primero vi a este hombre mientras avanzaba rápidamente a través de las calles repletas de gente. En realidad, me fijé primero en su bastón, al tiempo que la larga y delgada vara surcaba el aire para ir a golpear a determinadas personas en la cabeza y en los hombros.

Me encogí y evité el golpe cuando vi que el hombre golpeaba a un joven de buena apariencia que se hallaba a muy poca distancia de donde yo estaba. Se está acercando, pensé. Me pregunto si yo seré la siguiente. Algo me dijo que no debía preocuparme.

Después, al mirar a la multitud desde la galería del bar de zumos, pude ver al hombre del bastón de forma más clara. Se sentó en una banqueta frente a mí al otro lado de la calle, en la esquina de una intersección muy concurrida, colocándose a una altura suficiente como para quedar ligeramente por encima de las cabezas de la multitud. Lo observé, fascinada. Al principio parecía como si estuviera golpeando al azar a la gente con la larga y delgada vara de madera que tenía en la mano. Enseguida, comencé a notar cierto ritmo en sus golpes, la misma cadencia caótica, no obstante predecible, que había visto en el tráfico de las calles de El Cairo.

—Golpea a los tipos malvados —me explicó mi chófer sin darle importancia, cuando le toqué el brazo y le pedí que me hablara de este hombre misterioso.

—*Hay tipos malvados por esas calles* —*dijo el chófer*—. *Roban. Hurtan. Cuando el hombre los golpea con el bastón, la gente sabe quiénes son. Y eso les dice a esos tipos malos que se detengan.*

Cuando le pregunté si el hombre del bastón trabajaba para la policía, el chófer me dijo que no. Por lo que pude interpretar del inglés precario de mi chófer, el hombre se había elegido a sí mismo para la misión. Cuando le pregunté cómo podía distinguir quiénes eran los tipos malvados y a quién debía golpear, el chófer me dijo:

—*Él sabe.*

Necesito uno de ésos, pensé inmediatamente. Necesito un bastón.

Gran parte de esta guerra civil conmigo misma había sido por esta razón. Deseaba atribuir a mucha gente motivos cariñosos, generosos, benevolentes, y algunas veces lo hacia con la gente equivocada. Este sistema de creencias no generaba un mundo agradable y amable; por el contrario, abría la puerta que permitía entrar a los tipos malvados.

En los próximos días me daría cuenta de que muchos de los hombres y muchachos de la villa de Giza llevaban un bastón. Normalmente lo utilizaban para cabalgar, para dirigir al caballo, camello o burro. Pero comencé a darme cuenta de que el bastón era algo más que una herramienta necesaria. Era un símbolo de protección y de poder.

Hace años, cuando comencé a establecer límites, diciendo no, es decir, a *llevar un bastón*, pensé que sería algo que me vería precisada a hacer durante corto tiempo. Asumí que a medida que progresara en mi vida, las situaciones en las que podría necesitar el uso de mi bastón se irían reduciendo y, finalmente, dejarían de existir.

Pero en cada nuevo nivel de juego iban surgiendo una profusión de nuevas situaciones que requerían que cogiera el bastón y lo utilizara. Algunas de estas circunstancias eran situaciones obvias de manipulación, de engaño o de abuso descarado. Algunas podían ser fáciles de tratar y sencillas de reconocer. Pero había muchas situaciones en los nuevos niveles que eran mucho más sutiles. Los patrones de energía eran similares. Me sentía fuera de equilibrio y confusa. Sentía que había algo que no era correcto, luego solía dudar de si podría confiar en mí misma, y no estaba segura acerca de lo que debía de hacer después. Pero enfrentar estas situaciones se fue haciendo más complicado. Con frecuencia, había que tener mucha habilidad para reconocerlas.

Al principio, esto me había cogido desprevenida. Poco a poco, comencé a comprender que necesitaba prestar una mayor atención. Desde los dependientes de comercio a sanadores y amantes, tanto en la vida personal como en el mundo de los negocios, hay una gran abundancia de gente lista para lanzar sus conjuros sobre cualquiera que ande descuidado y no lleve un bastón.

Se dice que Juana de Arco solía pedir a sus guerreros que se arrodillaran, confesaran sus pecados y purificaran sus almas antes de ir al combate. Quizá ella sabía intuitivamente que cualquier culpa pendiente, no resuelta, iba a confundir al alma y debilitar la fuerza de los soldados.

En el Aikido, los estudiantes aprenden el arte de devolver la energía negativa a quien la origina. Se trata de un arte basado en la no resistencia. La fuerza y la velocidad no se las considera un poder. Los estudiantes aprenden a permanecer alerta y concentrados, no paranoicos, vigilando al frente y detrás de ellos.

Me sentía confundida al principio —y durante algún tiempo después— cuando comencé a practicar Aikido. Cada vez que mi maestro u otro estudiante hacía un movimiento que me afectara durante el entrenamiento, miraba a mi maestro y decía:

—¿Qué debo hacer? No sé lo que hacer.

Mi maestro no me solía responder. Creía que los estudiantes aprendían mejor enfrentándose a la confusión e imaginándose las cosas por sí mismos. Me zarandeaban, me empujaban, tiraban de mí, y algunas veces me golpeaban. Y yo simplemente me quedaba de pie allí. Tras meses de dejarme maltratar pasivamente logré captarlo.

—Finalmente logré averiguar lo que debo hacer cuando alguien trata de golpearme —le dije a mi maestro un día.

—¿Qué? —preguntó.

—Evitar los golpes —dije.

De vuelta en el solar de arena, Essam me preguntó lo que quería hacer ese día. Para mi sorpresa, decidí montar a caballo. Nunca antes había montado a caballo. Una vez, cuando tenía unos tres años, un familiar me había subido encima de un caballo. Ese potro parecía enorme. De inmediato me caí. La caída me sacó el aire del pecho, en una forma tan dolorosa como cuando a uno le dan un golpe repentino e inesperado sobre el plexo solar. Un grupo de familiares me rodearon riéndose, viendo cómo me retorcía por el suelo asfixiándome y tratando desesperadamente para no gritar. Nunca más volví a montar un caballo, excepto los hermosos caballos de madera tallada del carrusel de la feria.

Pasé mi pierna sobre el costado del caballo y lo monté como si hubiera estado montando toda mi vida. La silla consistía en varias capas de mantas viejas, atadas alrededor del lomo. El sobrino de Essam, el joven que me acompañó hasta las pirámides, iba en otro caballo a mi lado, como la vez anterior. Comenzamos con un trote lento, escalando precariamente las rocosas montañas. Cuando llegamos a la amplia planicie del desierto, ambos comenzamos a galopar tan velozmente como nos fue posible. El aire de febrero soplaba frío sobre mi rostro.

Me sentí poderosa y libre.

Después de una hora, más o menos, llegamos a un grupo de rocas y desmontamos. Me senté sobre la arena apoyándome contra las rocas, para beber de la botella de agua que me había colgado de la mochila.

—¿Tienes esposo? —me preguntó el joven.

—Ya no —dije—. Estoy divorciada.

—Deberías venir a Egipto a vivir —dijo—. Aquí podrías tener más de un esposo.

Le puse una cara de sorpresa.

—¿Las mujeres pueden tener aquí más de un esposo? —pregunté.

—Oh, sí —contestó.

—¿Y qué pasa con los hombres? —¿Pueden tener más de una esposa?

—Sí —admitió el joven.

—Creo que estás confundido en eso —dije—. ¿Estás diciéndome que las mujeres pueden tener más de un esposo, que los hombres pueden tener más de una esposa, y todos pueden comprender eso y vivir felizmente?

El joven sonrió.

—Sí. Usted debería venir aquí. Le gustaría.

Solté una carcajada.

—Probablemente me gustaría —dije.

Regresamos a los caballos y volvimos a la tienda de perfumes.

Essam me aguardaba con el almuerzo. Él no comió; era el Ramadán y todavía era de día. Nos sentamos en el banco frente a la tienda y conversamos mientras yo comía. Estaba tan hambrienta que no tenía más remedio que sentirme ligeramente culpable de comer frente a él.

Cuando terminé, busqué el cuarto del servicio. No encontré ninguno en la tienda. Essam me dijo que no había ninguno en la tienda, que los turistas iban normalmente a algún lugar del pueblo para utilizar el servicio. Luego me dijo que no había el más mínimo inconveniente en que fuese a su casa, que estaba en la puerta de al lado, y utilizara el cuarto de baño de allí.

Lo seguí alrededor del almacén, atravesando un patio lleno de juguetes de los chicos, hasta la puerta de una amplia casa de una planta. Tenía aspecto de nueva y se veía bastante moderna. Essam me dijo que en la villa de Giza su casa era considerada una mansión. Vivía en ella con su tía, sus hermanas, su cuñado y los hijos de éstos. Me explicó que después de entrar, doblara a la derecha y llegaría hasta el cuarto de baño. Caminé por un laberinto de habitaciones, luego encontré una serie de cuartos, cada uno de los cuales parecía como parte de un cuarto de baño. En el primer cuartito había un lavamanos. No estaba segura si había agua corriente o no. En el cuarto siguiente había un grifo que salía de la pared. Me imaginé que ésa era la ducha. En el espacio siguiente estaba la taza del inodoro. Al lado de ésta había un gran depósito de agua y un recipiente de madera para echar agua en la taza.

Cuando salí del cuarto de baño y caminé de regreso a través de la casa, inadvertidamente giré hacia el lado equivocado. De repente me hallé en medio de la sala de las mujeres. Estaban sentadas sobre el suelo sobre varias capas de alfombras y almohadones, viendo televisión. Usaban vestidos largos y coloridos. Sonreí. Una mujer, la que estaba en el medio, se apartó para dejarme sitio a su lado.

Acepté.

No hablaban inglés. Yo no hablaba árabe. De modo que sencillamente nos sentamos en silencio. Sus ojos brillaban. Parecían muy felices de tener compañía. Me puse un poco nerviosa después de un rato. No sabía qué hacer, y no me dejaban marcharme. Finalmente, Essam entró en la sala.

Les habló durante un minuto, luego se volvió hacia mí.

—A ellas les gustas —me dijo.

Cuando regresamos al banco en el solar, le conté a Essam lo que su sobrino me había dicho, y le pregunté si era verdad que las mujeres podían casarse con más de un esposo.

Essam negó con la cabeza.

— No —dijo—. Eso no es verdad. A las mujeres se las permite tener sólo un marido. Los hombres pueden tener cuatro esposas.

—¿Y qué pasa con el divorcio? —pregunté—. ¿Puede divorciarse de su esposo una mujer, si se siente infeliz o ambos tienen problemas serios?

Essam movió su cabeza otra vez.

—No. Las mujeres no pueden divorciarse de su esposo. Sólo el esposo puede divorciarse de su esposa.

—Eso no es justo —dije—. No me parece que eso sea un buen negocio.

Una pesada pausa llenó el aire.

—No es nada bueno nacer mujer en este país —dijo finalmente Essam—. La cosa comienza al nacer. Se reúnen todos por allí esperando saber si el recién nacido es varón o hembra. Si salen diciendo que ha sido un niño, ¡cohetes! La gente grita y se alegra. Luego lo celebran, ¡a veces durante días! Pero si salen diciendo que ha sido una niña, hay un silencio. Nadie dice una palabra. La gente actúa como si no hubiese oído nada. Se dan media vuelta y se alejan, y regresan a lo que estaban haciendo.

Mientras escuchaba a Essam lo que me contaba acerca de las mujeres egipcias, sentí que me rondaba una especie de desvanecimiento, lo mismo que me sucedió frente a las pirámides mi primera noche en El Cairo. Durante gran parte de mi vida he protestado en silencio por ser mujer, y por causa de la desigualdad de poder, no simplemente entre los sexos, sino entre las personas. Me parecía que, con demasiada frecuencia, a ciertos personajes con título, función y sexo se les otorgaba poder de modo natural; un título ciertamente raro, mientras que otros tenían que trabajar muy duramente para obtener ese mismo poder, frecuentemente incluso teniendo que convencer a otros o a sí mismos de que ellos *tenían* poder. Me he enfurecido, aunque en silencio, por las restricciones que sentía; las expectativas, las limitaciones y la necesidad constante de demostrar mi poder, poder que automáticamente se le concedía a alguien, independientemente de que se le concediera esa presunción de poder.

Sentada en el solar, comencé a ver que algunas de nuestras creencias acerca del poder son prefabricadas, grabadas y racionalizadas sobre nosotros en nuestra juventud, algunas veces al momento del nacimiento, otras veces antes de que hayamos nacido. Así son la mayoría de nuestras limitaciones, como la de no poder montar a caballo.

Me estaba cansando de asumir que otros tenían poder y que yo no tenía ninguno.

Me preguntaba cuán profunda, y cuán antigua, era realmente mi rabia.

Me había llevado muchos años comprender que tenía poder. Me ha llevado incluso más tiempo comenzar a comprender cómo utilizarlo. Con frecuencia me hallaba confundida respecto a qué poder tenía en una situación determinada, y qué poder no tenía. Cuando falleció mi hijo, me sentí tan impotente que olvidé que tenía algún poder en absoluto. Cuando el médico me dijo que no había esperanza, me tragué mi rabia y acepté amargamente mi impotencia. No había nada que pudiera hacer.

Había soltado mi bastón y me estaba alejando de él. Me había olvidado de que tenía un bastón.

En este momento, de regreso al solar, el sol estaba a punto de ponerse. Le dije a Essam que estaba cansada. Había sido un día largo; estaba lista para regresar al hotel. Él me habló sobre las cosas que podría hacer en la siguiente oportunidad que los visitara.

—Normalmente las mujeres no se mezclan con los turistas —me dijo—. Pero realmente a ellas les gustas. Pidieron que volvieras a la hora de cenar o, por lo menos, para el postre. Quieren verte otra vez.

Revisó mi vestimenta. Yo llevaba un conjunto deportivo oscuro.

—Quiero conseguirte un vestido —me dijo—. Con tu cabello negro y piel oscura, te podría llevar al pueblo. La gente pensará que eres de aquí.

—Hay muchas cosas que puedes hacer —me dijo—. Y pronto estarás lista para entrar en las pirámides a meditar. Entonces obtendrás poderes especiales.

Me sentí emocionada, curiosa y honrada de conocer a las mujeres. No comprendí lo que Essam quería decir sobre «obtener poderes especiales» de las pirámides. Pero mientras estaba sentada en el banco enfrente de Perfumes El Palacio de los Lotos, recordando cómo me había sentido montando aquel caballo a través del desierto, supe que había desenterrado y resucitado mi poder.

Un muchacho estaba montando un asno alrededor del solar. En su mano llevaba un bastón, un modelo más corto que el que había visto la noche anterior en el *souk*.

Le dije a Essam que me alegraría hacer todas las cosas que me había sugerido, luego señalé al bastón que llevaba el muchacho en la mano.

—Pero yo quiero tener uno de esos también —le dije— para que me ayude a recordar.

Essam se sonrió. No dijo ni una palabra. Me di cuenta que había comprendido. Yo también comprendí finalmente. No necesitaba *comprar* un bastón. Ya tenía uno. Todos lo tenemos. Todo lo que tenemos que hacer es cogerlo y utilizarlo.

Sherezade, la heroína mítica de Las mil y Una Noches, *hizo buen uso de su bastón. Vivía en una tierra donde el sultán, el rey, había sido profundamente traicionado por su esposa. (Cier-*

to día, el sultán había regresado inesperadamente a casa de un viaje y encontró a su amada acostada con otro.) Para hacer frente a su corazón destrozado, había ordenado decapitar a su esposa. Luego, con el fin de asegurarse de que ninguna otra mujer lo traicionaría, había ordenado que cada noche tomaría una nueva esposa, una virgen. Tras dormir con ella esa noche, la mandaría decapitar cuando se levantara por la mañana.

Esto había continuado durante años. Las madres en esa tierra se hallaban desconsoladas por haber perdido a sus hijas, o bien temiendo que su hija fuese la próxima víctima. Sherezade fue a ver a su padre, un visir del sultán, para decirle que ella quería ser la siguiente esposa del sultán. El padre se estremeció con horror, pero Sherezade insistió en ello. Dijo que había que hacer algo, y que ella estaba dispuesta a hacerlo.

Dijo que tenía un plan.

Durante las siguientes mil y una noches, Sherezade cautivó al sultán con su habilidad para contar historias. Cada noche le contaba una parte de una historia, y la llevaba hasta el punto de mayor emoción. En ese momento se detenía repentinamente, pidiendo permiso al sultán para continuar la historia al día siguiente. El sultán accedía de buen gusto. Los relatos de Sherezade eran cuentos maravillosos acerca del oprimido pueblo de clase media que utilizaba su voluntad, su astucia, sus habilidades artísticas y su fe en Alá para cumplir sus destinos y deseos de la manera más mágica posible. Las cualidades para contar historias de Sherezade fueron tan notables que el sultán apenas podía esperar para escuchar el resto de cada relato. Decapitarla era algo impensable. En las noches en las que concluía un relato, Sherezade decía simplemente: «Pero esta historia no es más extraña o maravillosa que la que te contaré la próxima noche.»

Cuando terminó de contarle todas sus historias, le había dado al sultán tres hijos y él se había enamorado de ella. Se arrepintió de su odio hacia las mujeres y se convenció de que no todas ellas eran malvadas. Ofreció reparaciones a los súbditos de su pueblo. Sherezade salvó a las mujeres de su país. Sanó el corazón del sultán. Y sus cuentos maravillosos enseñaron a millones de personas cuán poderosos eran Alá y ellos.

Sherezade no permitió que nadie le dijera cuánto poder tenía. Sabía cuán poderosa era. Había aprendido uno de los secretos más importantes sobre la vida y el poder. No contaba con el poder que no tenía. Aprendió el arte de trabajar con el poder que sabía que poseía.

Sherezade cogió su bastón, luego lo utilizó magistralmente, con sagacidad.

TODAVÍA NO COMPRENDO qué tienen que ver las mujeres de Egipto con las mujeres de su país —dijo la interrogadora, trayéndome el pensamiento de nuevo al aeropuerto de Tel Aviv—. Esas mujeres no tienen libertad. Ni siquiera salen de sus casas.

Ah, pensé. Ahora estás comprendiendo lo que es la dependencia compartida...

Me incliné sobre el escritorio, dejando que soportara mi peso. Para entonces me dolía la espalda y mi voz estaba carrasposa.

—Yo escribo para hombres y mujeres —le dije—. Y usted tiene razón. Vivo en un país maravilloso. Mi pueblo goza de muchas libertades, libertades y lujos desconocidos en algunas partes del mundo. Pero hay muchas personas en mi país que no comprenden lo libres que son —le respondí.

—Hablemos de mí, por ejemplo —le dije—. Durante diez años estuve encerrada en una caja...

Capítulo 8

Encerrada en la caja

L

A PUESTA DEL SOL ERA la señal sagrada que interrumpía el ayuno diario. Al anochecer, la tranquila villa de Giza regresaba a la vida. El día de hoy no era una excepción. Los hombres y los niños deambulaban por el solar con una vitalidad mitigada, durante las horas del día, por el hambre y el mero esfuerzo de la abstinencia. Tres camellos se arrodillaron en el extremo opuesto del solar, sonriendo misteriosamente como si poseyeran un secreto desconocido para cualquier otra criatura.

Seguí a Essam más allá de la tienda de perfumes y por el pasadizo de tierra que conducía hasta su casa. En su mano llevaba una caja de cartulina blanca llena de preciados dulces de la panadería del pueblo, media docena de barras de limón hechas de dorada pasta de hojaldre y una docena de golosinas egipcias rellenas de dátiles.

Ya habíamos concluido una cena deliciosa. Ahora íbamos a su casa a comer el postre y a tomar el té con las mujeres.

—¿Entonces qué edad tienen las mujeres cuando las encierran en la caja? —pregunté.

Essam se detuvo de inmediato.

—¿La caja? —preguntó.

—Sí —le dije—. ¿Cuántos años tienen cuando deben entrar en la caja? —Señalé a la casa.

Sonrió cuando cayó en la cuenta.

—Ah, quieres decir que cuándo tienen que comenzar a quedarse en casa.

Yo asentí con la cabeza.

—Cuando una niña llega a los catorce años, se espera de ella que se quede en casa. La labor de la mujer es cocinar, limpiar y criar a los niños —afirmó.

—¿Tienen que quedarse durante el resto de sus vidas? —pregunté.

Él asintió.

—¿Se les permite *alguna* vez salir?

—Algunas veces, para ir al mercado —aclaró.

—Qué aburrido —dije—. Supongo que pones música en la caja para hacérselo más llevadero.

Essam me miró como si no comprendiera. ¿Cómo puede este caballero comprender? Pensé. Él no ha estado encerrado en la caja.

Sostuvo abierta la puerta para que yo pasara. Entré, luego esperé para que pasase delante. Cruzamos la sala donde me había encontrado con las mujeres la primera vez, la habitación que tenía las alfombras y los almohadones echados sobre el suelo. Me condujo dando la vuelta a la izquierda, hacia un cuarto de estar más formal. Esta habitación era de dimensiones reducidas. Había en ella un sofá, una silla y una mesita pequeña.

Dos de las mujeres que había conocido ayer estaban de pie esperándome para saludarme. Essam me presentó a la mujer de más edad, su tía, y a la más joven, su hermana. Las mujeres parecían débiles y cansadas. Su tía parecía especialmente agotada. El sobrino de Essam, un muchacho delgado de pelo rubio, de unos nueve años, estaba sentado en el sofá, en medio de libros escolares y papeles. Cogía la mina de un lápiz con la mano y se sentaba para hacer la tarea escolar. Con la timidez de un niño pequeño, apenas me miró cuando fuimos presentados. Después pude ver que me miraba de reojo. Una vibrante adolescente de ojos brillantes y resplandeciente cabello negro avanzó resueltamente hacia mí. Me dio la mano en un cálido saludo que no necesitaba palabras. Su esplendor me hizo recordar, al instante, a mi hija, Nichole.

Nadie en la sala hablaba inglés, excepto Essam, de modo que tenía que traducirnos. La chica adolescente era su sobrina. Tenía diecisiete años y estaba encantada de conocerme. Todas las mujeres se sentían honradas de tenerme en su casa.

Les dije que yo también estaba encantada y honrada de encontrarme allí.

Las dos mujeres se sentaron en el suelo. Una encendió el fuego en una pequeña estufa que parecía como una estufa de cámping, y seguidamente comenzó a hervir agua para el té. Essam hizo un ademán para que me sentara junto a su sobrino, en el sofá, y así lo hice. Su sobrina se sentó apretándose junto a mí al otro lado del sofá.

Essam abrió la caja de los pasteles y comenzó a pasarlos alrededor. Su sobrino, tras mucho pensarlo, cogió una barra de limón de la caja blanca y comenzó a morderla. Su sobrina me tomó la mano entre las suyas, tocando mis uñas pintadas. Las mujeres me miraron de soslayo, rechazando comer postre. Y la sensación de desvanecimiento que había sentido tantas veces aquí en este antiguo pueblo se convirtió ahora en un vigoroso torbellino que me transportaba de regreso a algún tiempo pasado.

Era el año 1975. Yo tenía veintiocho años, estaba recién casada, con ansias de explorar mis sueños de ser esposa y madre. Lentamente, a lo largo de los siguientes meses y años, una combinación de fuerzas hizo que viera muy duramente que mis sueños eran fantasías, meras ilusiones. Para esa época tenía dos hijos. Los amaba profundamente. Me encantaba ser su madre. Pero la pobreza, el alcoholismo de mi esposo, y mi respuesta a su alcoholismo, a la que etiquetaría más tarde como dependencia compartida, me había reducido lentamente a casi nada. Aunque había años en los que no poseía coche, ni teléfono y pocos alimentos, el dinero era lo que menos me faltaba. No poseía ningún yo, ninguna identidad propia, ninguna vida. Había llegado a sentirme amargada, agotada y hastiada. Muy raramente salía de casa. Tenía muy poco contacto con la gente. Y menos contacto conmigo misma, o con mis emociones, pensamientos y poder. Rechazaba todas las expectativas que tenían de mí otras personas, o lo que yo creía que esperaban. Ya no sabía lo que quería de la vida y, ciertamente, no esperaba mucho de mí misma ni de cualquier otra persona.

Me hallaba encerrada en una caja.

Ya había estado antes en cajas. Cuando era niña, me había sentido miserablemente atrapada. A mis doce años comencé a tachar los días en el calendario, contando hasta las horas que me faltaban para que me dejaran libre. La fecha de mi liberación fue los dieciocho años. Tenía muy pocas alternativas entonces, excepto esperar el paso del tiempo. Y eso fue lo que hice. Pero en el proceso de esperar mi libertad, volqué mi rabia y mi amargura contra mí misma.

Cuando llegó el momento en que me dejaron salir de esta caja de la niñez, ya me había metido yo misma en otra: era adicta al alcohol y las drogas. Luego, tras salir de aquella trampa, fui derecha hacia otra caja. Me encontré casada con un alcohólico y encerrada en mis intentos vanos por hacer que dejara la bebida. Me dije a mí misma que entonces no tenía alternativas. No parecía haber ninguna salida de aquello.

Con el paso de los años, comencé a comprender gradualmente algunas cosas sobre la dependencia compartida y sobre mi respuesta autoanuladora hacia otras personas. Encontré una antigua máquina de escribir, a la que le faltaba la letra «n». Comencé a comunicarme con el mundo que me rodeaba, contándoles mis relatos. Comencé también a comunicarme conmigo misma. Encontré una salida de aquella caja, una salida para mis hijos y para mí. Ésa no iba a ser la última caja en la que me metería, pero fue la última vez que creería estar atrapada.

Hay muchas circunstancias y situaciones en la vida que nos pueden meter en una caja, con expectativas que no son nuestras, limitaciones que disminuyen nuestra libertad y apagan la luz en nuestra bola dorada de poder. Es tan fácil dejar que otros penetren en nuestra vida, en nuestros deseos, emociones y alternativas. Los bordes que protegen la libre voluntad son delgados.

He venido trabajando durante años para emerger de todas la cajas obvias. Pero a cada nuevo nivel, las cajas, las trampas, se volvieron más sutiles. Lentamente, comencé a ver que muchas de las cajas en las que me vi metida eran de mi propia elaboración. Tenía tendencia a construirlas, a meterme en ellas y, luego, a preguntarme a quién podía acusar de haberme metido allí. ¿Quién me ha hecho esto a mí? Solía preguntarme, y algunas veces lo hacía en voz alta. Entonces escuchaba la respuesta: *Lo hiciste tú*, Melody. Tú te metiste dentro de esta caja. *Ahora es cuenta tuya el salir.*

Existen suficientes situaciones en la vida que no podemos cambiar, controlar o hacer algo al respecto. No es necesario que compliquemos una vida que es ya compleja e intrincada, limitando nuestras opciones y colocándonos dentro de una caja.

No obstante, a lo largo de los años, es eso mismo lo que he venido haciendo.

Recientemente, he comenzado a sospechar que, al menos por cierto tiempo, alguna parte profunda de mí se revelaba de la seguridad y la comodidad de estar confinada, limitada y controlada. También he comenzado a sospechar que lo que Nelson Mandela y otros han dicho es verdad. No es a nuestra oscuridad, a nuestra capacidad para crear mutilaciones y locura, a lo que tememos. Lo que nos atemoriza es nuestra grandeza y nuestro tremendo potencial interior para brillar.

Ahora, sentada en el cuarto de estar, en la mansión de Essam, en la villa de Giza, sentía todas las emociones que acompañan al estar encerrada en la caja: una rabia profunda, que quema, y una amargura, una fatiga, un hastío, una desesperación y una aversión tan fuerte hacia el confinamiento, que apenas lograba permanecer inmóvil. Tomé un bocado de mi deliciosa barra de limón, preguntándome, a la vez, cuán profundos y antiguos serían estos recuerdos.

En realidad a mí no me gustaba estar encerrada en una caja.

La sobrina de Essam me mostró el álbum de fotos familiares. Me puse a hojear las páginas de fotos. Al no hablar el idioma, la visita se me hacía difícil. La conversación intrascendente llena, normalmente, muchos vacíos de silencio, pero cuando esas palabras sin importancia tienen que ser traducidas, con frecuencia es preferible no pronunciarlas. Bebí mi té. De repente, no pude contenerme más.

Me volví hacia la sobrina de Essam.

—Essam, díselo. Dile que no tiene por qué quedarse en la caja.

Sus ojos se agrandaron.

—Díselo —seguí diciendo—. Ella es bella. Irradia vida. Puede hacer cualquier cosa, ser cualquiera cosa que desee...

Essam se sonrió, y luego comenzó a traducir mis palabras al árabe. Su sobrina escuchó con suma atención; entonces su rostro radiante resplandeció con más brillo. Deseaba oír más.

—Puedes ser una modelo —dije—. Una estrella de cine. Trabajar en una oficina. No tienes que quedarte en la caja toda tu vida. Tengo una hija. Es de tu edad. Ella también es bella. Está en la edad crítica de su vida. Lo mismo que tú. ¡Vívela!

Essam lo iba traduciendo todo. La joven sonrió. Podía haber hablado toda la noche. Un pensamiento fugaz que cruzó por mi mente me hizo apagar mi voz: una nación árabe bajo las reglas islámicas no es el lugar apropiado para hacer una paseo por las páginas de *Codependent No More*.

Estaba cruzando esa invisible pero real línea entre ayudar y volverse excesivamente involucrada en asun-

tos que no eran de mi incumbencia. Lo podía sentir.
Me acordé de las palabras que la amiga de mi hija había escrito sobre su mano como un recordatorio para
no inmiscuirse en un conflicto sentimental de una amiga: «NO NECESITO AYUDA.» Yo no tenía el control del
mundo. Existía un plan mucho mejor. En este plan se
podía confiar. No necesitaba *hacer* que algo sucediera.
Podía *dejar* que el destino evolucionara.

Me eché hacia atrás en el sofá.

—Por favor, ¿me puedes alcanzar las barras de limón? —le dije a Essam.

Nos sentamos en el cuarto de estar mientras bebía-
mos el café, conversando lo mejor que podíamos. Después de un rato, Essam se puso en pie.

—Las mujeres tienen un presente para ti —dijo—.
Por favor, ven conmigo.

Lo seguí hasta una sala que parecía un comedor,
excepto que no había ninguna mesa. Fotos enmarca-
das de hombres en uniformes militares cubrían una pared alargada. Me quedé mirando las fotografías mientras esperaba que vinieran las mujeres. Enseguida
llegaron a la sala llevando un montón de vestidos largos
en sus brazos, cada uno era de un vibrante color sólido,
púrpura, rojo, amarillo, verde, azul, blanco.

—Quieren que elijas dos vestidos —dijo Essam—.
Quieren que éste sea su regalo.

Fui extendiendo uno a uno los vestidos para verlos, tratando de decidir cuáles me sentaban mejor. Todos
eran muy bonitos.

—Quieren que te los pruebes —me tradujo
Essam—. Quieren ver cómo luces con un vestido
egipcio.

Essam salió de la sala. Lucí para las mujeres cada uno de los exóticos y bellos vestidos. Fuimos expresando en voz alta nuestra admiración, con las correspondiente exclamaciones. Finalmente, tras mucho debate y varias pruebas repetidas, decidimos que el vestido escarlata adornado con la estrella estampada en metal y el de color verde pavo real eran los más adecuados para mí.

Se lo agradecí a las mujeres. La hermana de Essam me tocó en el brazo. Su tía me sonrió. Fue la primera vez en toda la noche que la vi sonreír.

Essam regresó a la sala. Le mostré los vestidos que había elegido. Luego su tía me tomó del brazo, guiándome hasta la pared donde se hallaban las fotos. Señaló una foto de un apuesto hombre vestido con uniforme militar.

—Quiere que sepas que ése es su marido —dijo Essam—. Murió en la guerra.

Miré a la tía de Essam. Eso es lo que había percibido en ella, el profundo dolor de haber perdido a algún ser amado. La miré, deseando poder hacer algo por ella. Ha perdido tanto, pensé. Enseguida, Essam le contó que yo también había perdido mi hijo. Ella se llevó la mano al pecho, el signo universal para comunicar que una persona comprende lo que es un corazón destrozado.

Essam traducía, y su tía y yo conversamos durante un rato acerca del dolor y de la muerte. Teníamos algo en común. Ambas nos sentíamos traicionadas por la vida. Luego Essam me preguntó si estaba lista para irme. Le dije que sí.

—Diles a todas que se lo agradezco mucho —le dije—. He pasado una noche maravillosa.

Essam y las mujeres hablaron en árabe durante un rato, luego Essam se volvió hacia mí.

—Ellas disfrutaron mucho tu visita —explicó—. Están tristes porque te tienes que ir. Quieren que vuelvas pronto.

—Diles que lo haré —dije—. Lo prometo.

Fue entonces cuando Essam me enseñó el significado de *Insha'a Allah*.

—¿Qué significa eso? —pregunté.

—Si Dios quiere —me dijo.

—Entonces diles que volveré *Insha'a Allah*.

Él se sonrió.

Salí por la puerta principal de la casa. Tenía intención de regresar pronto, pero ésta sería la última vez, por lo menos en este viaje, que vería a estas encantadoras mujeres de Giza.

Essam y yo fuimos a un restaurante en el centro del pueblo. Me condujo hasta una pequeña mesa al aire libre en el restaurante, luego pidió té para los dos. Me acerqué a un mercado al aire libre al otro lado de la calle para conseguir algunas mandarinas.

—Quítate los zapatos —me dijo Essam cuando regresé a la mesa.

—¿Qué? —pregunté, queriendo averiguar qué clase de tradición cultural era ésta.

—Quítate los zapatos —me dijo nuevamente.

Me percaté de lo llenas de polvo que tenía las botas mientras me las desataba y me las quitaba. Essam se agachó, cogió mis botas, se levantó, sonrió, y luego señaló a una tienda que estaba en la acera de enfrente.

—Voy a llevar a limpiar tus zapatos —dijo—. Están cubiertos de polvo del desierto.

Al poco tiempo, Essam regresó a la mesa con mis zapatos. Nos sentamos a tomar el té y a conversar sobre las mandarinas, sobre el pueblo y sobre mis planes para el resto de la semana. Estaba pensando en mudarme del gran hotel en El Cairo a un hotel más pequeño, a las afueras de Giza. Todavía no había comenzado a escribir. Esto me preocupaba, pero había tantas cosas que ver y que hacer, tanta gente a quien conocer. Todas esas aventuras me parecían muy importantes.

—Tengo algunos otros familiares que me gustaría que conocieras —dijo Essam.

—¿A quién? —pregunté.

—Tengo unos cinco mil más —dijo.

Yo me reí. Entonces el humor de Essam cambió visiblemente.

—Tuve que divorciarme de mi esposa, Melody —me dijo tras una larga pausa.

—¿Por qué? —pregunté.

—Porque ella no quería quedarse en la caja —me contestó.

Su voz estaba teñida de tristeza, su rostro y sus ojos se nublaron llenos de confusión. En ese momento, en aquella expresión de su cara, pude ver muchas cosas.

Los hombres necesitan a las mujeres tanto o más que las mujeres a los hombres, pensé; tanto si esa necesidad se expresa como una necesidad de amistad o como una relación romántica. Miré alrededor y vi las calles desprovistas de la presencia de mujeres, como habían estado muchas de las calles en el mundo árabe, excepto en el souk. Las sociedades necesitan el equilibrio que aporta la energía femenina, pensé. Esto es lo que se echa en falta aquí. Para estar completos y vivir de un modo que nos lleve a una armonía con nosotros mismos y con el mundo, *cada uno de nosotros* necesita la presencia diaria y la intervención del lado femenino de nosotros mismos, nuestra intuición, creatividad y cuidados.

Essam era fuerte, no obstante era un hombre amable y gentil. En todo el tiempo que permanecí aquí no lo había visto imponer su poder sobre nadie. Parecía aceptar y disfrutar de mi independencia y libertad, aun cuando soy mujer. Me preguntaba por qué el haber permitido libertad a su esposa le había hecho tanto daño. ¿Pudiera ser que, a pesar de que los hombres parecen tener mucho más poder que las mujeres, percibieran a las mujeres como más poderosas que ellos mismos? ¿Mirarían a las mujeres teniendo las mismas ilusiones acerca del poder como, a veces, tenían las mujeres cuando miraban a los hombres? ¿Acaso no sería toda esta situación un gran juego de poder, donde la gente sufría de la ilusión de que ellos no lo tenían y, entonces, trataban de reprimir el poder en los demás, de robarles el poder, para tratar de llevar las cosas a un equilibrio?

El mundo está cambiando, pensé. Nuestro mundo en Estados Unidos, incluso este mundo de aquí, en Oriente Medio, está cambiando. Una persona no puede seguir ya teniendo poder sobre la base de negar a otra su libertad o su poder. El mundo se está llevando a sí mismo —junto con las energías masculina y femenina contenidas en él— hacia un equilibrio.

Quitarle el poder a otro ya no funciona. El poder —ya sea emocional, espiritual, mental, físico, psíquico o financiero— constituye una tremenda responsabilidad. La Regla de Oro: haz a otro lo que quieras que hagan contigo, no es una sugerencia. Se trata de una ley que enseña el modo en que opera el universo. El modo en que utilicemos nuestros poderes, en que nos comportemos, en que tratemos a otros, se volverá sobre nosotros. Incluso las sutiles formas en las que dirigimos nuestros pensamientos, emociones e intenciones hacia los demás regresarán inevitablemente para perseguirnos, particularmente cuando entremezclamos estas energías poderosas con nuestra voluntad.

Finalmente, el modo en que amamos a nuestro prójimo es como nos amamos y nos tratamos a nosotros mismos.

Hace años practiqué el ritual de orar por las personas que me habían ofendido. No había comprendido la razón para hacer esto. Lo hacía porque algunas personas en quienes confiaba me dijeron que lo hiciera. Me dijeron que esto era mejor que buscar venganza, y que orar por las personas que me habían ofendido daba resultado, y eso fue lo que hice. Había hecho esto por una fe ciega. Ahora comienzo a ver *por qué* funcionaba esto. Cuando buscamos venganza, en realidad estamos dirigiendo la energía hiriente contra nosotros mismos. Cuando proyectamos energía ruin, podrá y tendrá que regresar sobre nosotros. Es inevitable. Tiene que ir a alguna parte. Y cuando oramos por los demás, incluso si tenemos que forzar las palabras hasta que las sintamos como reales, estamos orando, en realidad, para pedir que las bendiciones se acumulen sobre nosotros. Estamos proyectando una energía que es deseable que sea reorientada y devuelta sobre nosotros.

No nos equivoquemos, existe una vasta diferencia entre el ajuste de cuentas y la venganza.

En Aikido aprendí que las poderosas técnicas de defensa de ese arte eran efectivas únicamente si alguien atacaba. Si una persona no atacaba, no existía ninguna energía negativa —ninguna fuerza— que pudiera ser devuelta a esa persona.

Le insistí a mi sensei *para que me recomendara algún libro que pudiera leer, algo que me ayudara a configurar mentalmente las ideas por las que tanto me estaba esforzando en aprender. Deseaba meterme en la cabeza el modo de trabajar con la energía que era dirigida hacia mí; cómo enviar de regreso a su punto de origen, tanto en el* dojo *como en mi vida, de forma intuitiva, inmediata y airosa, toda la energía negativa. Deseaba la receta de cómo protegerme a mí misma sin convertirme en vengativa, agresiva o excesivamente dañina. Deseaba aprender todo lo que pudiera acerca del poder, porque eso me haría libre. Y deseaba una lista de reglas, un folleto de instrucciones, que me ayudara a hacer eso.*

—Así no es como debes aprender —me dijo mi maestro—. Lucha con tu confusión hasta que tu cuerpo, tu mente y tu espíritu aprendan lo que se siente cuando uno lo ha captado bien. Entonces será cuando sepas realmente. Y entonces recordarás.

—Pero debe existir algo que pueda leer —protesté.

Finalmente, yo misma encontré un libro que hablaba sobre estas ideas, un libro llamado El arte de la guerra*. Cuando le hablé a mi maestro de ese libro, me dijo que era bueno.*

—Pero cuando termines éste, existe otro mejor —me dijo—. Se llama El arte de la paz.

De regreso en Giza, mientras me hallaba sentada en el restaurante al aire libre bebiendo una taza de té, hablando con Essam, y pensando en el poder, en las mujeres y en la venganza, reparé en un jovencito que

---

* *El arte de la guerra*, de Sun Tzu, en la colección Arca de Sabiduría.

montaba un asno, a pelo, por el medio de la calle. Este antiguo pueblo me fascinaba. Era como un viaje de regreso en el tiempo.

—¡Mira! —dije a Essam, señalando al animal.

—¿Quieres montar en él? —preguntó Essam.

Yo dudé un momento. Essam insistió. Llamó al muchacho. Luego nos acercamos al asno. El chico se bajó. Pasé mi pierna sobre el lomo del animal, y me acomodé bien; luego monté al burro, a pelo, por la calle adelante.

Me había llevado mucho tiempo pero, finalmente, había salido de la caja. Y no tenía la menor intención de regresar a ella *Inɔha'a Allah*.

—**P**ERMÍTAME VER SUS NOTAS —dijo la policía de pelo castaño que me interrogaba, haciendo que mi mente regresara al aeropuerto en Tel Aviv.

No me lo podía creer. Me sentí invadida y violada. ¿Acaso no tenía ningún derecho? ¿Qué estaba buscando esta mujer? ¿Qué piensa ella que he encontrado?

—Quiero ver sus notas —repitió firmemente—. cualquier cosa que usted haya escrito, que pertenezca a este libro.

Las manos me temblaban mientras rebuscaba en mi maleta y lograba encontrar mi archivo.

—No tengo mucho —le dije, entregándole algunos papeles—. Pero aquí están.

—Léamelos, por favor —dijo.

Me puse las gafas, luego me esforcé por leer mis escritos, casi ilegibles.

—*Deja de hacerte daño* es el relato de un viaje interior. Trata acerca de tener compasión por los demás.

Pero también de tener compasión por nosotros mismos.

Hice una pausa.

—Oh —dije—. Al final de la página he escrito alguna cosa más.

Ella me miró, expectante.

—Es una aventura enormemente grande...

Capítulo 9

En busca de la llave

A NTES DEL NACIMIENTO del lenguaje escrito, las civilizaciones antiguas documentaron y preservaron comunicaciones y mensajes importantes, grabando figuras y símbolos sobre piedra. Estas figuras y símbolos expresaban ideas en lugar de palabras, como lo hace la escritura actual.

Aunque Egipto pasó gradualmente de esculpir sobre la piedra a escribir sobre papiros hace casi cinco mil años, gran parte del arte egipcio consiste, todavía, en dibujos simbólicos unidimensionales. Estas figuras no tienen el propósito de captar una escena particular como el artista la vio, la interpretó y luego la plasmó. Se trata de imágenes simbólicas, de arte sagrado, que tienen el propósito de comunicar un mensaje o historia específica, directamente al corazón y la mente de una persona.

Ese día, en Giza, Essam y yo fuimos de compras al pueblo. Necesitaba algunas cosas de poca importancia, algo de fruta, una cinta de música, unas aspirinas. Me habían recomendado comprar también cuatro velas blancas para que las llevará a las pirámides cuando fuese a meditar. Cuando terminé de hacer las compras, Essam me llevó a conocer a otro de sus familiares, un médico que es también comerciante en perfumes. Tomamos té con el médico y le hicimos una corta visita. Casi abruptamente, Essam se puso de pie.

—Por favor, ven conmigo ahora mismo —dijo—. Es el momento de que consigas tus cuadros.

No entendía de lo que estaba hablando, pero ahora ya confiaba en Essam. Se había convertido en algo más que un amigo. Se había convertido en un maestro y en un guía para esta parte de mi expedición árabe.

No tenía idea, mientras le seguía hasta el coche, de que hoy encontraría la clave a un misterio que había tratado de descubrir durante años.

He invertido una buena cantidad de tiempo en mi vida buscando llaves: las llaves del coche, las llaves de casa, las llaves del garaje. Llaves, en una palabra.

He invertido más tiempo buscando una llave en particular: la llave del misterio de la vida.

Era como si existiese una gran puerta de metal cerrada con llave. De un lado de la puerta se encontraba la verdadera ilustración y sabiduría, el supremo conocimiento del por qué estamos aquí, y de cómo llegar a ser felices y realizados mientras estamos aquí; la iluminación.

Yo, sin embargo, me hallaba del otro lado, del lado de afuera, dando vueltas a la cabeza, buscando fútilmente la llave.

Con los años he ido a consultar a terapeutas, médicos y curanderos. He utilizado la homeopatía, la quinesiología, la acupuntura y la acupresión. He leído libros y he escrito algunos yo misma. He buscado frecuentemente en revistas, recortando artículos, buscando pistas, buscando la llave. He asistido a talleres. He hablado con personas. He hablado con Dios. He practicado y he creído en los dogmas de la fe en la que me crié, el cristianismo. Luego, me acerqué a otras grandes religiones del mundo.

En mi juventud he probado el alcohol y las drogas, creyendo que eran la respuesta. He usado y abusado del LSD, la cocaína, la heroína y la morfina. He ingerido mariguana, alcohol, barbitúricos y anfetaminas, buscando la respuesta en las experiencias espirituales de alteración de la mente inducida químicamente.

Posteriormente busqué la respuesta en las relaciones. Entonces pensé que posiblemente la respuesta era evitar las relaciones románticas.

Probé la terapia Gestalt, el Análisis Transacional, la hipnoterapia, la oración y la meditación. Y durante los últimos veintitrés años he sido una participante activa en más de uno de esos programas de doce pasos.

Utilicé las afirmaciones. Escuché cintas. Capté mis sentimientos. Vigilé mi proceso de pensamiento. Serví a otros obsesivamente. Entonces redefiní el servicio, de modo que pudiera servir gozosamente, en lugar de compulsivamente. Me esforcé por amarme a mí misma. Aprendí a ser asertiva. Me enfrenté con mis problemas más notorios de dependencia compartida, con mi sentido de un yo no existente y con mi dependencia trepadora.

Luego seguí adelante como era debido, hacia el trabajo demoledor que muchas personas han llegado a amar y conocer como labor de familia de origen. Comencé el penoso y eterno proceso de desintoxicación, o sanación, de mis bloqueos emocionales reprimidos y enquistados, y las correspondientes creencias limitadoras; ésas, llamadas barreras de la sabiduría, de la realización, y de la iluminación, que había acumulado desde tiempo inmemorial. ¡Hurra!, finalmente encontré y curé a la niña en mi interior. La amé lo mejor que pude. Incluso tenía un primoroso osito de juguete —que Dios bendiga a John Bradshaw— escondido en el armario de mi biblioteca.

Me puse en contacto con mi cuerpo y aprendí a tener cuidado de él, comprendiendo su intrincada conexión con el alma. Estuve bajo terapia de estrógenos para reemplazar a las hormonas, y bajo terapia vitamínica como complemento nutricional.

Después de morir mi hijo, permanecí con mi dolor; cada uno de los momentos de náusea, de descorazonamiento y de desestabilización de la mente que siguieron a ese hecho. Luego fui trabajando sobre mi dolor; aceptando, finalmente, el menoscabo irreparable de la pérdida de mi hijo.

Continué utilizando el Curso sobre milagros, *en el que aprendí, con la ayuda de Marianne Williamson, sobre la magia del amor en todas sus miles de formas, recordando eficazmente que el amor incluía decir «no» y, algunas veces, «aléjate».*

Finalmente, abrí mi corazón.

Luego, subiendo la escalera del crecimiento espiritual, puse mi pie en el siguiente peldaño. Junto con el resto de la nación, leí, con todo detenimiento, Embraced by the Light *(Abrazados por la luz), de Betty Eadie, sobrecogida por el misterio de la vida después de la muerte.*

Me encantó ese libro. Pero todavía no lograba comprender el misterio de la vida antes de la muerte.

Todavía seguía buscando esa llave.

A lo largo de los años, como resultado de mi búsqueda, han cambiado mis valores. Mientras que antes solía fantasear sobre el oro y los diamantes, ahora había acumulado bellas rocas: lapislázuli, resplandecientes cristales del Himalaya, amatistas, cuarzo rosado, turmalinas rojas. Ésas eran ahora mis gemas preciadas. Utilicé aceites y aromoterapia. Elegí mis colores cuidadosamente. Evité el poliéster como a una plaga.

Pero, a veces, en medio de la noche, todavía me seguía preguntando si, sencillamente, debía abandonar la búsqueda, unirme al resto del mundo, y comenzar a tomar Prozac.

Sabía que me hallaba sola en esa búsqueda. La mayoría de la gente que conocía estaba en una búsqueda similar. Se hallaba buscando la llave. Algunos decían poseerla, pero cobraban tanto por sus seminarios que no estaba dispuesta a asistir a ellos.

El año antes de este viaje al Medio Oriente pasé tres meses viajando a lugares sagrados por el occidente de los Estados Unidos. Me sumergí en algunos de los manantiales de aguas calientes más potentes, curativos y ricos en minerales de este país. Visité los vórtices de Sedona, el antiguo poblado anasazi en el cañón de Chaco, y la bendita iglesia de Nuevo México, el santuario de Chimayo. Contemplé rocas y ruinas y cascadas y selvas pluviales, absorbiendo esa energía dentro de mi alma.

He debido de estar brillando en la maldita oscuridad.

Me sentía como si me hallara dentro de un túnel. Ocasionalmente, solía percibir destellos de luz. Pero en aquellos momentos me sentía más ciega que lo que estaba cuando me rodeaba la oscuridad. La mayor parte del tiempo no podía ver lo que estaba haciendo o adónde estaba yendo. No era capaz de comprender de qué se trataba toda aquella excursión.

Muchas de las terapias, personas, ideas y recursos con los que tropecé a lo largo de los años me han ayudado verdaderamente. Mientras que algunas de las tentativas, que consistían en actividades para sentirse bien (me sentía bien mientras las estaba haciendo pero, en términos generales, no me causaron ningún efecto), y en unos cuantos esquemas, tales como utilizar drogas, me han perjudicado (tuve que gastar tiempo y dinero deshaciendo el daño que me había causado), la mayoría de estas empresas han producido un cambio permanente y benéfico en mí y en mi vida.

Pero todavía no podía encontrar la llave.

No podía abrir la puerta y entrar en aquel cuarto.

No podía hallar la iluminación.

Algunas veces solía pensar que ya estaba casi allí, que me hallaba en el borde mismo de ello, que estaba tan cerca de un cambio total que hasta podía sentirlo. Entonces trataba de traspasar la puerta y ¡bam!. Me estrellaba de cabeza contra ella y caía en algún desnivel del suelo. La puerta permanecía cerrada todavía. O al menos así lo parecía. Por otra parte, unos pocos pasos más allá, justo fuera de mi alcance, se hallaban los tesoros que buscaba. Pero no podía llegar a ellos.

No estaba necesariamente deprimida, pero me dolía el espíritu. En ocasiones era un monótono e incómodo dolor. Otras veces estaba más cerca de la angustia. Me sentía demoledoramente insatisfecha. La vida podía ser tan desagradable. Y aquí estábamos, acercándonos al nuevo milenio, ese momento glorioso, estimulante, del que tanta gente hablaba. Pero no resultaba demasiado punzante para mí. Lo sentía confuso y, a veces, debilitador. No lo podía captar. No podía captar lo del milenio o, al menos, no captaba lo que significaba personalmente para mí y para la gente que conocía. No podía captar lo que era toda esta empresa. No captaba la iluminación.

En ciertos momentos parecía que cuanto más duramente trabajaba para obtener la comprensión, menos comprendía.

Puede que sea mañana, solía pensar. Puede que mañana encuentre esa llave. Parecía como si la iluminación estuviera siempre un día, un paso, un curandero, un algo más allá, sin importar lo que hiciera. Me estaba sintiendo hastiada y escéptica.

Me hacía algunas preguntas. ¿Estaba metida en alguna expedición legítima de búsqueda de la verdad que me estuviera conduciendo a alguna parte? ¿O todas estas actividades eran un trabajo superfluo, un experimento en futilidad, alguna clase de prueba punitiva de mi voluntad en un molino cósmico?

Hace más de quince años, cuando me hallaba totalmente inmersa en la búsqueda, un amigo de mi confianza me dijo que el se-

creto de la vida era simple: no había ningún secreto. Esto no me parecía correcto. Tiene que haber alguno, pensaba. Sabía que existía una llave, aunque ésta había prometido quedar eternamente fuera de mi alcance. Ahora, tras todos estos años de búsqueda, estaba comenzando a preguntarme. Puede que mi amigo estuviera en lo cierto. Puede ser que estuviese buscando algo que no existía.

Este día en Giza, hallaría la llave que abriría la puerta.

Essam alquiló un taxi y dimos vueltas por las calles de Giza, para ir a parar a una pequeña tienda ubicada detrás de un hospital. Nos hallábamos en una parte del pueblo que no había visto todavía. El letrero en el escaparate de la tienda anunciaba que estábamos en El Papiro del Río Nilo. Essam le pidió al taxista que lo esperase, luego me acompañó al interior de la tienda. Era un almacén pequeño y estrecho. Casi cada uno de los centímetros cuadrados de pared estaban cubiertos con arte egipcio, que había sido pintado sobre papiros.

—Te voy a dejar aquí durante una hora —me dijo Essam—. Mira todo lo que hay. Averigua si alguna de las figuras te llama la atención. Recuerda, si encuentras algún cuadro que te guste, no pagues el precio marcado. La mitad, y nada más. Le voy a decir eso también al encargado.

Tras hablar un momento en árabe con el hombre de la tienda, Essam se fue. El comerciante en papiros, un hombre delgado que aparentaba tener poco más de veinte años de edad, me preguntó si me gustaría ver una demostración de cómo se hacían los papiros. Le dije que sí. Entonces comenzó a contarme y mostrarme la historia de este antiguo arte.

En una tierra en la que crecen pocos árboles, florece la planta del papiro. Hace unos cuatro mil seiscientos años, los antiguos egipcios descubrieron que si cortaban la poción interior del tallo del papiro en tiras delgadas como una hoja de afeitar, y las sumergían en agua, las tiras podían, entonces, ser tejidas en la forma de hojas planas. Tras comprimir y secar las hojas bajo algo pesado, como una piedra, los egipcios pudieron hacer entonces las mismas marcas sobre las hojas que habían venido haciendo, hasta ese momento, esculpiéndolas sobre piedra. A diferencia de las rocas, estas hojas podían ser enrolladas, almacenadas y transportadas fácilmente. La antigua civilización egipcia había dado con una manera de registrar, preservar y diseminar las ideas y la información. Mucho más ligero que la piedra, el papel de papiro revolucionó su mundo.

El encargado de la tienda me mostró cómo se cortaban, se mojaban y luego se tejían formando una hoja plana, las delgadas tiras del núcleo, la parte interior del tallo del junco. Me enseñó cómo se prensaban y se secaban las hojas tejidas. Luego me mostró el producto terminado, las hojas color amarillo marfil, semejantes a pergaminos, llamadas papiros. Me explicó que puede dibujarse o escribirse sobre los papiros utilizando colores al óleo, acuarelas, carbón, tinta, una máquina de escribir, o gouache (una variedad de acuarela). Me mostró lo fácil que era enrollar las hojas y almacenarlas en un cilindro.

—Continúe. Siga mirando —me dijo, cuando terminó la demostración—. Vea si le gusta alguno de nuestros cuadros.

Me fui hasta el fondo del almacén. Cuadros de vibrantes colores y de todos los tamaños cubrían las paredes. Los cuadros eran totalmente diferentes del arte al que estaba acostumbrada, un arte que expresaba la interpretación del artista, de una escena o de un retrato en particular. Estas figuras eran dibujos simples, unidimensionales, pero eran sorprendentemente profundos. Muchos de los cuadros contenían símbolos jeroglíficos. Debido al gran número de dibujos y a la diferencia de esta forma de arte, me llevó un rato concentrarme.

Gradualmente, pasé de mirar todo a la vez al estudio de cuadros individuales. Vi muchos dibujos de las pirámides y de la Esfinge. Observé que había una intrincada rueda astrológica con símbolos egipcios antiguos. Era muy bonita, pero cuando comencé a estudiarla, me acordé de un amigo mío. No me decía nada. Continué mirando. Pronto, logré ver mi primer cuadro.

Se trataba de un dibujo simple de la Virgen María sosteniendo a Jesús en sus brazos.

María llevaba un resplandeciente manto azul. Un halo dorado le rodeaba la cabeza. El azul de su manto era de un tono y de un matiz indescriptibles. El niño que sostenía estaba descalzo. Otro círculo dorado le rodeaba la cabeza también. Ambos llevaban coronas doradas.

No era ahora, ni nunca lo había sido, miembro de la Iglesia católica, pero María se había ido convirtiendo cada vez en alguien más importante para mí, a lo largo de los años pasados. Su espíritu amable, modales tiernos y su magnífico poder sanador había ayudado a que mi corazón sanase cuando poco más podía ayudarme.

Posee la sutileza y el amor de los ángeles y el poder sanador de su Hijo.

Su energía me calma y me sosiega aunque, a veces, me arrebata el aliento.

Me siento total y enteramente segura cuando estoy en su presencia.

Me siento serenamente potenciada, confiada y fortalecida.

También me siento comprendida.

Ella es el lado femenino de la Divinidad.

Aquel cuadro me llamaba la atención.

—Quiero ése —dije.

El joven cogió el cuadro de María y el niño Jesús y lo descolgó de la pared, poniéndolo sobre el mostrador. Luego seguí mirando. Enseguida, vi otro cuadro que atrajo mi interés. Era un intrincado conglomerado de gente, jeroglíficos y criaturas de aspecto animal. Era largo y estrecho, cerca de metro y medio de largo por sesenta centímetros de alto. Me gustaba, pero no lo entendía, de modo que seguí adelante. Algo de ese cuadro me atrajo de nuevo. Al notar mi interés, el comerciante comenzó a contarme la historia del cuadro.

—Este cuadro representa la mitología egipcia sobre la vida después de la muerte, y cómo uno entra en el Paraíso —dijo—. Cuando uno muere, se presenta ante un concilio. En ese momento, se le arranca el corazón y se coloca en uno de los platos de una balanza. Se coloca una pluma en el otro plato. Si el corazón pesa lo mismo o menos que la pluma, se le permite entrar en el Paraíso. Si no —siguió diciendo mientras movía la cabeza—, se echa el corazón a los dragones.

Me quedé estudiando el largo y estrecho dibujo. Ahora que me ha explicado la historia, lo podía ver claramente. Las cuatro escenas estaban allí: una figura sentada ante el concilio, la misma figura de pie cerca de la balanza, la figura que es conducida hacia una puerta y, finalmente, la sala ornamentada que representa el paraíso.

Durante miles de años, esta antigua cultura ha conocido lo que a mí me había llevado la mayor parte de mi vida comprender.

Cuando tenía doce años, ya tenía un problema con el alcohol que me atormentaba. Desde la primera vez que hurté un trago de la botella de whisky Jack Daniels, escondida en la parte posterior del mueble bajo el fregadero de la cocina, comencé a tener problemas, aunque no lo calificara así en aquel tiempo. Todo lo que pude apreciar es que me encantaba la cálida y cosquilleante sensación, a medida que el feroz jugo iba bajando por mi garganta y me golpeaba el estómago.

Me sentía bien.

En ese verano me llevaron a un campo bíblico bautista en el norte de Minnesota. Había ido ya otras veces allí. Estas personas eran serias; pensaban en el negocio; había más Biblia que campo. Pero este verano iría preparada. Llené cuidadosamente siete botellas de perfume —una para cada día de la semana—, con whisky. Luego escondí las botellas dentro de mis calcetines largos y los oculté con cuidado en mi maleta.

Los primeros días en el campo tomé el aire. Tenía que asistir, como todos los participante, a muchos servicios religiosos y conferencias. Pero también contaba con la comodidad del sol, el aire fresco, el lago, los botes, la natación y mis siete botellas de perfume llenas del whisky Jack Daniels. Al tercer día de campo, cuando estaba construyendo una casa de madera, durante el tiempo de artes y manualidades, se me acercaron dos de los consejeros superiores. Dieron vueltas a mi alrededor y, por su aspecto, comencé a temerme algo. Luego me mostraron las botellas de perfume que me habían confiscado de mi habitación. Instantáneamente supe que la fiesta había terminado.

Los consejeros me condujeron hasta un lavamanos y me obligaron a mirar mientras vaciaban mi whisky por el tragadero. Luego me llevaron hasta a un pequeño cuarto, un cuarto que, en aquel momento, pensé que era demasiado pequeño para que cupiesen tres personas. Nos sentamos en círculo sobre unas sillas plegables de metal. Con gran solemnidad, los consejeros me informaron que estaban extremadamente descontentos conmigo. Eso no era nada nuevo. Yo también estaba extremadamente descontenta dentro de mí misma. Lo había estado durante largo tiempo. Después me ofrecieron la Opción de Venir a Jesús. Dijeron que se sentían obligados a telefonear a mi madre de inmediato e informarla de está violación sería y flagrante de las reglas del campo. Sin embargo, también consideraban adecuado darme una nueva oportunidad. Si estaba dispuesta a acercarme al altar durante el servicio especial de la iglesia, frente a todos los compañeros de mi misma edad y postrarme de rodillas, confesar mis pecados y dejar que Jesús entrará en mi corazón, no se sentirían tan obligados a llamar a mi madre.

—*De acuerdo* —*dije*—. *Lo haré.*

Aun cuando tenía que hacer esto frente a mis compañeros, soportar la ira de Dios me pareció, en cierto modo, más aceptable y menos amenazador que enfrentarme a la ira de mi madre. Una rápida tirada de dados me dijo que Dios sería más misericordioso.

Durante el servicio de la iglesia de esa tarde caminé hasta el altar, me arrodillé y quedé salvada. Le pedí a Jesús que viniese a mi corazón. Le dije cuánto sentía todas las cosas que había hecho. Viéndolo en retrospectiva, creo que lo que más sentí fue el haber sido descubierta.

Todos me aclamaron y aplaudieron. Cantamos «Qué amigo tenemos en Jesús» y «Dios ama mucho al mundo». Luego hicimos grandes carteles con papel especial de colores que anunciaba en grandes letras: «JESÚS ESTÁ EN TU CORAZÓN.»

Estábamos muy felices aquella tarde. Los consejeros sentían un gran gozo por el alma perdida que habían conducido a la salvación. Los otros niños estaban muy contentos (probablemente porque era yo y no ellos los que habían sido cogidos). Y yo también estaba feliz.

No llamaron a mi madre.

Hicimos una nueva representación, incluyendo otro viaje hasta el altar, así como los cánticos, la ovación, y la elaboración de afiches, al día siguiente. Los consejeros deseaban asegurarse de que la experiencia había «prendido». Dejé el campo aquel año sintiéndome bien. Pero no tuvo el impacto que todos habían esperado. En el momento que regresé a casa fui derecha al gabinete bajo el fregadero y a la botella de whisky.

Tendrían que pasar diez años antes de que encontrase un camino hacia un tratamiento contra la dependencia química y el programa de doce pasos, que finalmente salvó mi vida. Y habrían de pasar treinta y cinco años desde el momento en que fabriqué el afiche proclamando que Jesús Estaba en Mi Corazón, antes de que comprendiera lo que significaban realmente aquellas coloridas palabras que corté y pegué aquel día.

Durante la mayor parte de mi vida seguí creyendo que lo que querían decir era que debía meterme una estatua de porcelana de Jesús en mi corazón. Aunque me consideraba cristiana, aquella visión no me satisfacía. No tenía sentido.

A través de mi viaje por el occidente de los Estados Unidos, en 1995, pasé por el santuario de Chimayo. El santuario es una iglesia de Nuevo México, rica en folclor referente a los poderes curativos de la tierra que allí se encuentra. Este polvo, esta tierra, se dice que es sagrada y santa, y que contiene poderes similares a los del agua en Lourdes. Hay numerosas muletas alineadas sobre las paredes, en la sacristía de la iglesia, evidencia física de los milagros curativos que supuestamente han tenido lugar allí. Diariamente, durante casi dos semanas, observé a personas que venían caminando, cojeaban y, a veces, eran introducidas en esta iglesia.

En el santuario, donde tantos se reunían esperando un milagro, también vi un rayo de luz. Finalmente, comprendí lo que quería decir tener a Jesús en mi corazón. Supiéranlo ellos o no, aquellos consejeros de campo bien intencionados, aprietamanos, salvadores de almas del norte de Minnesota, hablaban sobre el valor e importancia de cada uno de nuestros corazones. ¡Aleluya! Ya no tenía que seguir tratando de meterme aquella estatua de porcelana en mi pecho.

—Es muy difícil salir de la cama cada día, y vivir la vida con pasión y con un corazón abierto —dijo Nichole un día, poco antes de que iniciara yo este viaje a Oriente Medio.

—Sí, efectivamente —agregué—. Es muy difícil.

Todos ellos hablaban de la misma cosa; los consejeros del campo, mi hija, y ahora, en la tienda El Papiro del Río Nilo, este intrincado cuadro egipcio que colgaba de la pared.

Un corazón abierto es tan ligero o más ligero que una pluma. Y Jesús está en ese corazón.

—Me llevaré ese otro —dije, señalando al cuadro que representaba el paraíso.

Continué mirando por el almacén. Me llevó sólo unos minutos localizarlo. Se parecía a una cruz céltica. Era de oro. La parte superior estaba redondeada. Tenía una barra que cruzaba por la mitad. Tras una inspección más detenida, observé que era una llave.

—¿Qué es eso?» —pregunté.

—Es un antiguo símbolo egipcio —me dijo el encargado—. Es el ankh. Es la llave del poder en este mundo.

El comerciante descolgó de la pared la sencilla pintura y la sostuve en mis manos.

Yo tenía razón. Existía una llave del poder y de la vida. Lo había sospechado desde hacía mucho tiempo. Los egipcios la habían conocido durante cinco mil años. Puede que éste fuese el motivo de la sonrisa misteriosa de los camellos. Pero mi amigo había estado acertado también. No era realmente un secreto, y no estaba fuera de nuestro alcance.

La llave del poder no estaba en todas las cosas que había realizado, en la gente con la que había hablado, en los cristales que tenía sobre mi escritorio, o en los libros de mi biblioteca.

La había tenido en mi mano todo el tiempo. Es el lugar adonde me habían conducido todo el duro trabajo y todos mis esfuerzos.

La llave de la vida y del poder es simple. Se trata de conocer quiénes somos. De conocer lo que pensamos, lo que sentimos, lo que creemos, lo que sabemos, e incluso lo que percibimos. Es comprender dónde hemos estado, dónde estamos y adónde deseamos ir. Eso es, con frecuencia, diferente a lo que creemos que debemos ser; a quiénes desean los demás que seamos, a lo que nos dicen que seamos y, a veces, a lo que nos dicen que somos.

Existen muchas drogas que pueden perjudicar al cuerpo y adormecer al alma: la cocaína, el alcohol, la heroína, la mariguana. Pero existen otras drogas cuyo poder narcótico pasamos por alto. La desilusión y la traición pueden minar nuestras almas hasta que toda nuestra fe y esperanza desaparezcan. El efecto acumulativo de una vida de inconformidad nos puede conducir a que vayamos vagando por la vida confusos, erguidos y aburridos. Tanto si esto sucede durante un momento, o a lo largo de muchos años, la pérdida de la fe adormece el espíritu lo mismo que una jeringa llena de heroína o una raya de cocaína. La droga más debilitadora de este planeta, además de la pérdida de la fe en Dios, es cuando dejamos de creer en nosotros mismos.

—Me lo llevaré —dije—. He estado buscando esto desde hace mucho tiempo.

Al poco tiempo de haber pagado mis cuadros a mitad de precio, Essam retornó a la tienda. Tuvimos una tarde tranquila, sentados en el solar, viendo una versión egipcia de la Cámara Cándida, el famoso programa de televisión. Luego me fui a mi hotel. Deseaba darme un buen descanso nocturno. Al día siguiente pensaba ir a las pirámides de Giza.

Hoy había encontrado la llave del poder en esta vida y en este mundo. Ahora ya estaba lista para obtener mis «poderes especiales».

DEJÉ DE HABLAR Y MIRÉ FIJAMENTE a la decepcionante mujer de aspecto inocente que me estaba torturando en el aeropuerto de Tel Aviv.

No se sintió intimidada.

—Muéstreme el resto de sus notas —ordenó.

Saqué otra hoja de papel

—Tengo esto —dije—. Pero no va a significar mucho para usted.

—Léamelo —dijo la interrogadora.

—Es de una conversación con mi hija de diecinueve años. Es solamente una idea, un concepto, para este libro.

—Léame lo que dice ahí —dijo la interrogadora.

Miré las palabras escritas sobre la hoja de papel que sostenía en mi mano. Me sentí muy avergonzada. Explicar esto iba a ser la parte más difícil de todas.

Capítulo **10**

El poder de la pirámide

ESDE LOS JARDINES COLGAN-
TES de Babilonia al Faro de
Alejandría, las pirámides de
Egipto son la única de las Siete
Maravillas del Mundo Antiguo que todavía permanecen
intactas. Tras miles de años, estas estructuras inmen-
sas, construidas por el hombre todavía permanecen ro-
deadas de misterio.

A partir de una variedad de cuadros dibujados por
arqueólogos, eruditos e historiadores hemos llegado a
comprender ahora que esas construcciones colosales
fueron monumentos a la muerte, templos construidos
en piedra y colmados de tesoros, para proporcionar un
lugar lujoso a la nobleza que había ingresado en el reino de la existencia denominada el más allá.

Los muertos no tenían necesariamente que llevarse
sus riquezas con ellos a ese místico nuevo mundo, pero
los antiguos egipcios de la nobleza creían que podrían
regresar y disfrutar de los tesoros que habían acumulado
en este mundo si sus posesiones eran colocadas cuidadosamente dentro de la tumba. También creían al principio que la entrada al más allá estaba únicamente ase-

gurada para los que formaban parte de la nobleza. Y que este más allá se podía alcanzar únicamente si el cuerpo era preservado de tal manera que el alma pudiese retornar a él. La cultura desarrolló un método sofisticado y eficaz de preservar los cuerpos, llamado momificación. La colocación de los cuerpos era importante también. Los cuerpos momificados eran colocados bajo el centro exacto de la pirámide. Y las pirámides eran construidas en el lado occidental del río Nilo, porque los egipcios creían que el lugar de habitación de los difuntos se encontraba en la dirección del sol poniente.

Se dice que a la gente le encanta un gran misterio. Ese término: «gran misterio», describe adecuadamente las Grandes Pirámides de Giza. Aunque constituyen una de las maravillas del mundo antiguo, *son* la encarnación física de la palabra «misterio», en la cultura contemporánea.

La forma en que esa antigua civilización construyó estas estructuras gigantescas, ha originado mucha especulación y continúa siendo un enigma. Tan sólo para construir la pirámide del faraón Kéops, la más grande de las pirámides de Giza, se necesitaron más de dos millones de bloques de piedra, cada uno con un peso de dos toneladas y media, los cuales tuvieron que ser transportados y colocados cuidadosamente. ¿Fueron las pirámides el resultado de mucho sacrificio, esfuerzo y trabajo manual primitivos? ¿O fueron construidas, como algunas personas especulan, utilizando métodos innovadores y herramientas que han desaparecido, pero que si se vuelven a descubrir, rivalizarían con la tecnología espacial?

La fecha en que estas pirámides fueron construidas es ahora causa de controversia entre algunos historiadores y arqueólogos. Mientras que muchos expertos han supuesto, y han estado de acuerdo desde hace largo tiempo, con que las pirámides de Giza datan de hace aproximadamente cuatro mil trescientos años, otros eruditos, tales como Joseph Jochmans, están revolviendo ahora la olla de las convicciones históricas y arqueológicas, sugiriendo que esos monumentos misteriosos pudieron haber sido construidos hace nada menos que doce mil años.

Aunque existen muchos aspectos confusos que rodean al «cómo», «cuándo» e, incluso al «por qué» de estas pirámides, el misterio final de estas tumbas colosales es el aspecto, quizá, menos discutido por los historiadores, y el que ha quedado más envuelto en la leyenda. Se trata del secreto que rodea a los poderes sobrenaturales, que se dice que éstas poseen. Las Grandes Pirámides de Giza puede haber constituido un pasadizo hacia el más allá, en el tiempo que fueron construidas para contener la tumba de los faraones Kéops, Kefrén y Micerinos. Pero muchos de los millones de turistas que acuden anualmente a Giza, a pesar de las amenazas de terrorismo y de guerra, y muchos de los habitantes locales, como Essam, creen que estas pirámides son ahora, más que nunca, una puerta cabalística, un pasadizo por el que los que lo atraviesan pueden llegar a tocar los límites de un mundo desconocido.

Mi guía para esta expedición, tanto tiempo esperada, para conseguir esos poderes especiales, era nuevamente el sobrino de Essam, de 17 años. Me explicó el misterio de las pirámides en forma diferente, mientras cabalgábamos para llegar hasta ellas. Era media tarde. Acabábamos de escalar el costado de una colina rocosa. Ahora estábamos atravesando un cementerio en el desierto, un área para enterrar a los difuntos del lugar que no pertenecían a la nobleza.

—Es mejor ser enterrado en una pirámide —dijo mi joven guía, señalando las tumbas cubiertas de polvo—. De otro modo el viento se lleva la arena y los ladrones roban todos los tesoros.

Essam me había estado hablando acerca de ir a las pirámides para meditar desde la primera noche que nos vimos. Entonces no comprendí lo que quería decir con «obtener los poderes». Ni tampoco lo *creí*, en cierta forma. Pero, de cualquier modo, había seguido sus instrucciones estrictas. Llevaba en mi mochila las cuatro pequeñas velas. Me había vestido de blanco y, para mi mayor vergüenza, llevaba puesto un paño blanco de algodón sobre la cabeza, sostenido en su lugar por una cinta verde tejida.

Había discutido con Essam acerca de la necesidad de llevar este pañuelo sobre la cabeza, pero él insistió.

—Si deseas obtener los poderes especiales, tienes que llevar ese pañuelo blanco —dijo.

Sin dejar de protestar, había comprado el paño blanco para la cabeza a uno de los jóvenes mercaderes que exhibían sus mercancías en el camino que conducía desde la perfumería a las pirámides. Me costó dos dólares y cincuenta centavos.

Cabalgando a través del desierto, en dirección a una de las más pequeñas pirámides escalonadas, me sentí más bien como una imitación turística barata de un jeque árabe, en lugar de como una mujer iluminada en camino a convertirse en un ser humano con poderes.

Sabía que existía algo especial acerca de las pirámides. Lo sentí en mi primera noche en El Cairo, cuando me sentí atraída hacia ellas. Lo sentí incluso cuando el grupo de hombres que me amenazaba se vino contra mí cerca de la valla. Sentí los poderes de las pirámides cada vez que me acerqué a ellas durante mi estancia aquí. Su influencia sobre el poblado de Giza era innegable.

Pero nunca me había imaginado, en particular, ir a una tumba a meditar, y menos a uno de estos colosales monumentos de piedra. No comprendía qué poderes misteriosos podrían existir dentro de las pirámides, o cómo estos poderes podrían afectarme. Aunque apreciaba a Essam, lo respetaba y confiaba en él, pensaba secretamente que todo éste enredo de ir a las pirámides y «obtener los poderes» era sólo una atracción turística.

Si existe tanto poder aquí, ¿por qué hay tanta gente viviendo en la pobreza? ¿Por qué las mujeres están tan coartadas? ¿Y por qué esta gente se conduce de la manera que lo hace?

Era escéptica. Era escéptica acerca de los «poderes especiales de las pirámides». Era escéptica en lo que concierne a arrastrarse de un lado a otro, por el interior de una tumba. Y era escéptica en llevar esa estúpida tela blanca sobre la cabeza.

Después de dejar atrás la ladera de la montaña y el cementerio, solté las riendas, espoleé a mi caballo con los talones y comencé a galopar a través de la extensión del desierto que me separaba de las pirámides. Todavía seguía sorprendida de cuán rápidamente me había adaptado a montar a caballo. Pero no me cuestionaba ese misterio. Era como si hubiese estado montando a caballo toda mi vida.

La capacidad de atravesar una barrera o un bloqueo en un momento y comenzar a hacer algo que, en el pasado, aparecía como insondable, era tremendamente inspirador, sin embargo yo lo daba por seguro. *Si la gente pudiera hacer esto, pensé, podría hacer casi cualquier cosa. Todo depende de nuestra percepción, de nuestros temores, y de las limitaciones que nos ponemos a nosotros mismos.*

Cuando nos fuimos acercando a las Grandes Pirámides, mi guía señaló a una de las más pequeñas, que estaba situada al borde de las tres más grandes. Las pirámides más pequeñas eran las tumbas en las que enterraban a las reinas y a los familiares de los faraones, me dijo. Hacia allí nos encaminábamos.

Cabalgamos hasta una pequeña cabaña donde se encontraba el guardia de la pirámide. Mi guía cogió las riendas del mío y ató ambos caballos. Al momento, la figura ceñuda de un hombre curtido por el sol salió de la cabaña y se acercó a mí. Llevaba uniforme. Era el guardia oficial de la pirámide. Me iba a llevar a su interior para meditar y conseguir mis poderes.

Essam me había preparado para esto. Sabía que tendría que pagar al guarda por permitirme entrar a la pirámide en forma privada. Bueno, no pagar realmente, sino darle una propina. Pero Essam me había dado instrucciones de no pagar al guarda hasta después de que hubiera terminado la meditación.

El guarda nos condujo andando hasta la entrada de la pirámide, un pequeño agujero en el costado de la pirámide y me preguntó si estaba lista. Le dije que sí, y le mostré las cuatro velas. El guarda negó con la cabeza. *Él* tenía cuatro velas blancas que deseaba que yo usara. Me dijo que deseaba asegurarse de que yo obtenía los poderes.

Y probablemente desea asegurarse de que consigue una propina mayor, pensé.

—Muy bien —dije—. Utilizaremos sus velas.

El voluminoso guarda se metió a duras penas por la pequeña abertura que conducía al interior de la pirámide. Lo seguí, metiendo primero la cabeza. No pude conseguirlo. De modo que me alcé como pude, y luego me dejé descolgar hasta dentro, con los pies por delante. En un instante, pasé de la cegadora luz del sol del desierto al interior de esta tumba, oscuro como el betún. Caminamos agachados a lo largo de un estrecho pasadizo que tenía sólo un metro de alto. Mi guía iba detrás de mí. Después de un breve tiempo, el guarda, que iba adelante, se detuvo y encendió una de las velas.

Miré alrededor del enmohecido y húmedo interior. Las paredes fluctuaban con la tenue luz de la vela. La roca se estaba desmoronando. Era del amarillo más pálido, casi de color blanco.

Seguimos por un pasadizo circular que conducía al corazón de la tumba. Después de un rato, pudimos permanecer derechos. Entonces llegamos a una bifurcación. Uno de los pasadizos conducía a la derecha y otro giraba hacia la izquierda. Seguimos por el de la izquierda. Tras caminar una corta distancia, llegamos a un pasaje sin salida, una pequeña sala en forma de útero, situada en el centro de la pirámide. El suelo estaba lleno de polvo de roca desmoronada. Un saliente natural que se hallaba a un metro sobre el suelo rodeaba el área de esta cueva triangular.

El guarda dejó caer sobre el saliente unas gotas de cera de la vela que tenía en la mano, y luego pegó la vela firmemente en ese lugar. Seguidamente, encendió las restantes tres velas, colocándolas cuidadosamente equidistantes sobre el borde, creando un semicírculo de luz. Me senté en el suelo, con la espalda hacia la pared del fondo de la pequeña sala, y me ajusté el pañuelo blanco que llevaba en la cabeza.

El guarda de la pirámide y mi guía me desearon buena suerte en la obtención de los poderes. Luego me dejaron sola.

Me senté en el suelo de la tumba. Esto es ridículo, pensé. ¿Qué estoy haciendo? ¿Es ésta realmente la forma de encontrar la iluminación? Más me parecía a mí el colmo de lo absurdo.

No sabía qué era lo que debía hacer después.

Ésta no era la primera vez que mi búsqueda de la iluminación me había llevado a sentirme en la oscuridad.

Hace un año, en mi viaje a través del occidente de los Estados Unidos, me había acercado hasta una casa de baños de calor para sudar, de los americanos nativos, en Sedona, Arizona. Comprendí que se trataba de un ritual sagrado que simbolizaba la limpieza y purificación espirituales. Pero eso era todo lo que comprendía. Con el debido rigor y respeto soporté y me hice purificar con humo de savia antes de entrar a la tienda de campaña. Luego pasé a través de la abertura, junto con los otros participantes. Observé mientras la cuidadora del fuego traía a la tienda unas piedras calientes resplandecientes y las colocaba en un hueco en el suelo. Pude apreciar cómo las rocas creaban el calor que nos haría sudar. Pero hubiera deseado tener un manual de instrucción.

Escuché atentamente, sudando, apiñada dentro de la tienda, mientras la anciana chamana nativa americana comenzaba la ceremonia con una oración. Mi ansiedad alcanzó un máximo cuando se volvió aparente que los participantes deberían decir algo en voz alta. Deseaba encajar en el ritmo de la experiencia.

Deseaba obtener todo lo que pudiera de ello. Deseaba hacerlo correctamente.

El sudor goteaba por mi cara. Me incliné hacia delante a propósito, tratando de captar cada palabra que pronunciaba la chamana.

—Y ahora honraremos al espíritu de la levadura —dijo—, que nos trae...

Me eché hacia atrás. ¿El espíritu de la levadura? Pensé. ¿Qué significa eso? Mi mente voló. Traté de imaginarme si era que estábamos honrando al pan, o a la agricultura, y qué podría yo decir sobre eso cuando me tocara el turno. Estaba pensando tan intensamente que apenas podía escuchar. Entretanto, me esforzaba para actuar con calma y con claridad.

Murmuré algo cuando llegó mi turno de hablar.

—Y ahora vamos a dar gracias al espíritu del Oeste —dijo la chamana a continuación.

Oh, pensé. El Espíritu del Este. Ahora lo capto.

En otra ocasión había ido a ver a mi médico, un profesional de la curación holística, durante más de dos años, antes de que pudiera comprender de qué me estaba hablando. Durante ese tiempo se había referido regularmente a mi campo «orc». No tenía la menor idea de lo que me estaba diciendo. Ninguna en absoluto. Sabía vagamente que me estaba hablando sobre la energía que formaba parte de mí y que rodeaba mi cuerpo físico. El trabajo con este profesional de la sanación había sido profundo. Me había ayudado mucho. De modo que no le pregunté sobre mi campo «orc». Asumí que se trataba de un nuevo descubrimiento que todo el mundo conocía, excepto yo. Tras casi dos años, mientras me hallaba leyendo un libro, caí, finalmente, en la cuenta. Mi doctor, mi sanador, me había estado hablando de mi campo «áurico».

Existían muchas cosas acerca de la vida que yo, simplemente, no *captaba*. Sentada en esta tumba al borde del desierto del Sáhara, no comprendía lo que se suponía que debía hacer a continuación. Pero, si sentarme aquí con un paño sobre la cabeza me fuese a ayudar a acercarme un centímetro más al eslabón perdido, entonces lo probaría. Realmente, deseaba ser iluminada. Realmente, deseaba «los poderes», si acaso existían algunos poderes especiales que pudiera obtener.

Haré lo que conozco: meditar, pensé.

Eché una mirada alrededor del ambiente donde me encontraba sentada. Cogí un par de piedrecitas de las que habían caído al desmoronarse las paredes y me puse una en cada mano.

Comenzaría por orar.

Primero dije el Padrenuestro.

—Padre nuestro que estás en los cielos. Bendito sea tu nombre. Venga a nosotros tu reino, hágase tu voluntad, así en la tierra como en el cielo. El pan nuestro de cada día, dánoslo hoy, y perdona nuestros pecados, así como nosotros perdonamos a los que nos ofenden. No nos dejes caer en la tentación, mas líbranos del mal. Pues tuyo es el reino, el poder y la gloria eterna.

Después dije el Ave María.

Dios te salve, María, llena eres de gracia, el Señor es contigo. Bendita eres entre todas las mujeres, y bendito es el fruto de tu vientre, Jesús. Santa María, Madre de Dios, ruega por nosotros, pecadores, ahora y en la hora de nuestra muerte. Amén.

Luego, entoné un cántico budista que había aprendido.

—*Om ah hung vara guru padme siddi hung. Om mani pami hung.*»

Ya está, pensé. Me senté un momento. Estaba más cubierta de polvo. Las velas se habían derretido un poco. Fuera de eso, nada había cambiado. Me sentía exactamente lo mismo que antes de entrar en esta pirámide mística.

Cerré los ojos y trate de concentrarme, pero las voces ahogadas de dos personas que hablaban en el exterior de la cueva me distrajeron. Me pregunté cuánto habrían pagado estas personas por esta experiencia iluminadora.

—Shhhhh —dije en voz alta—. Estoy *meditando.*

Después probé con oraciones menos formales. Oré por las personas a quienes amaba: mi hija, mi hijo, mi familia y mis amigos. Oré por las personas que me habían ofendido. Terminé con algunas oraciones de gratitud, enviando mis bendiciones a todas partes.

Entonces abrí los ojos y miré a mi alrededor. Todavía seguía sin suceder nada.

Me recliné sobre el suelo, utilizando mi mochila como almohada. Ahora probaría a «respirar con mis *chakras*», un ejercicio que mi doctor holístico me había enseñado recientemente. Se dice que los *chakras* son los centros de energía, o aberturas en el cuerpo. Visualizándolos deliberadamente y respirando sobre ellos durante la meditación, se supone que limpia los residuos y nos abre al poder.

Mientras respiraba, visualicé un círculo giratorio de color para cada *chakra*, comenzando con el de la base, o *chakra* raíz, y, siguiendo hacia arriba, hasta el de la coronilla. Comencé con rojo en la base de mi columna vertebral. Luego visualicé un círculo naranja, ligeramente por debajo del ombligo. Después visualicé un círculo giratorio de color amarillo sobre mi plexo solar, luego verde para el corazón, azul sobre la garganta, color púrpura sobre la frente y blanco sobre la coronilla. Seguí hacia arriba por mi cuerpo, luego hacia abajo, imaginándome los círculos coloridos girando rápidamente en sentido contrario al del reloj. Estuve haciendo esto durante diez o quince minutos con los ojos cerrados, respirando profundamente.

Pensé que había comenzado a ver «La Luz», pero, cuando abrí los ojos, comprobé que se trataba, simplemente, del parpadeo de la llama de las velas.

Todavía me seguía sintiendo exactamente igual que antes de entrar en esta tumba.

Ahora se me habían agotado las cosas para hacer. Me quedé sentada allí, mirando alrededor, sintiéndome estúpida, viendo cómo ardían las velas. Deseaba que los dos hombres regresaran a buscarme. Deseaba no estar usando este ridículo pañuelo sobre la cabeza. Deseaba tener un *shisha* con algo de tabaco dentro.

Me sentía como si hubiera fracasado.

Me senté, me senté y me senté, esperando... durante al menos una hora. No sucedió nada. Y nada iba a suceder. Deseaba marcharme.

—Auxilio —comencé a gritar suavemente—. Por favor, vengan a buscarme.

Los guías aparecieron al instante a la entrada de la cueva.

—¿Por qué tardaron tanto? —les dije.

—Estuvimos sentados a la vuelta de la esquina —dijo el guía.— Éramos nosotros los que hablábamos. Estábamos esperando por *usted*.

Cogí mi mochila y seguí a los dos hombres para salir por el estrecho pasadizo, y a través del agujero en el costado de la pirámide, hacia la luz brillante del desierto del Sáhara. Traté de dar al guarda de la pirámide la cantidad de dinero que Essam me había recomendado, pero el guarda puso una cara tan rara que, de inmediato, le di algo más. Luego mi guía y yo montamos en los caballos y regresamos al solar.

Desmonté, le di una propina al joven que me había acompañado en mi viaje hacia la iluminación, y fui al encuentro de Essam para despedirme de él.

Tenía sed, estaba sucia, llena de polvo y descorazonada. Ya había tenido suficiente en el día.

—¿Has conseguido los poderes? —me preguntó Essam con seriedad.

— Sí —mentí—. Ya los conseguí.

Qué basura, pensé mientras estaba en el taxi de regreso al hotel. Esta vez me he sobrepasado completamente.

Cuando regresé a mi habitación, me dejé caer sobre la cama y me quedé mirando al techo.

Me sentía otra vez menospreciada, estúpida y traicionada.

No sé cuándo sucedió, pero en determinado momento dejé de pensar y comencé a hablar en voz alta.

—No puedo captarlo —dije—. Total y absolutamente, no lo capto. Estoy tan harta de buscar la verdad. Estoy tan cansada del dolor de este planeta prácticamente inhabitable. Estoy harta de tratar de vivir la vida y fracasar. Estoy harta de levantarme cada vez, e intentarlo una vez más, para luego terminar tropezando y cayendo nuevamente. Estoy harta de pasar calamidades, y luego llamarlas experiencias del aprendizaje, para no lograr que acaben nunca ni el dolor ni el aprendizaje. Estoy harta de tratar con gran empeño, de hacerlo cada vez mejor, y de ser alguien que no soy. Todo esto es una basura.

—¿Cuál es el propósito? —Grité al techo—. ¿Por qué tenemos que venir aquí, si la vida toda va a conspirar contra nosotros para hacérnoslo lo más difícil posible?

La vida *duele*. A mí me duele. Mi espíritu me duele. Mis emociones me duelen. Y mi trasero me duele de montar a caballo.

Me sentía como si hubiera estado luchando contra el diablo en cada paso del camino.

—Oh, puedo seguir haciendo esto —dije en voz alta—. Puedo seguir superando cada experiencia desagradable. Puedo seguir luchando. Siempre termino sobreviviendo, ¿no es así? Lo he venido haciendo durante casi cuarenta y ocho años. Soy una mujer fuerte. Puedo superar cualquier cosa que sea necesaria. Y lo hago como un soldado. Sí, ésta soy yo. Soy tan buena enfrentándome al dolor, al desagrado, al dolor de corazón, a la traición y a los problemas. He aprendido a estar agradecida por cada una de esas cosas. He aprendido a respirar sobre el dolor. He aprendido a superarlo, a rodearlo, a sacarle el mejor partido, a transformarlo, e incluso a convertirlo en sanación para otras personas. Sí, yo puedo hacerlo. Lo he convertido en un arte...

Esto es de lo que se trata, pensé repentinamente. Salté de la cama y me quedé de pie en medio de mi habitación.

—¡Eureka! —dije—. ¿Ya lo tengo!

Me vino a la imaginación el verano anterior a este viaje.

Cierto día, Nichole vino a nuestra casa. Estaba pasando un verano difícil, esa transición entre el niño y el adulto. Había estado sufriendo de crisis emocionales durante meses. Aquel día se estaba quejando de su dolor; acerca de todo el dolor en la vida.

—Deberías estar feliz —le dije—. Hoy es viernes.

Ella se quedó mirándome.

—¿Acaso tu dolor termina los viernes —dijo.

Estuvimos escuchando unas grabaciones de música en el estéreo; luego Nichole me contó la historia de cómo pensaba ella que la vida funcionaba.

—Mi amiga Jen y yo nos lo imaginamos durante el almuerzo —me explicó—. Hay dos clases de personas en este mundo: los cerdos y los vampiros. Los cerdos creen que van a ser felices cuando se compren una casa nueva, se casen, tengan un coche nuevo o consigan otro trabajo. Se creen que esas pequeñas cosas les va a detener el dolor. Y para ellos, eso funciona o, al menos, así parece. Se limitan a ir al bowling, o a jugar al golf, y tienen suficiente. Los vampiros son diferentes. Ellos han estado en una especie de túnel, alguna clase de experiencia que realmente, los ha cambiado. Y no es que no hayan salido de ello nunca. Simplemente es que han quedado cambiados por la experiencia. Saben demasiado. Hacen todas las cosas igual que los cerdos. Consiguen coches nuevos, se mudan, se casan, consiguen nuevos trabajos. Pero saben que estas cosas no van a hacerlos felices nunca. Saben que la vida los puede herir algunas veces, aun cuando sea un poco. Y, a veces, los puede herir mucho.

Me llevó cierto tiempo darme cuenta que Nichole no estaba utilizando la palabra «vampiro» con el mismo significado con el que yo la conocía. No estaba hablando de hombres-lobo, monstruos, chupasangres o parásitos humanos. Estaba hablando sobre cerdos y vampiros en la forma que una chica de universidad hablaría de dos equipos de fútbol. Eran simplemente términos, o nombres, asignados a la gente que formaba los equipos de la vida.

—*No es que los vampiros no sean felices nunca* —*dijo Nichole*—. *Sino que son felices en una forma diferente. Ellos captan todos sus sentimientos. Y algunas veces disfrutan de momentos de goce puro. Pero saben que esos momentos no duran para siempre. Continúan hacia el siguiente sentimiento y experiencia.*

—*En cierta forma* —*dijo Nichole*—, *los vampiros son incluso más felices que los cerdos, porque los vampiros saben, realmente, cómo se sienten. Dicen la verdad y a la gente le gusta eso. A la gente le gusta estar cerca de ellos, aun cuando, por lo general, las vidas de los vampiros succionan. Pero ellos absorben el dolor y lo convierten en algo más. Hacen algo con ello.*

Volví a acordarme de una carta que recibí de un joven a quien conocí el día de Navidad, el día que vi por primera vez la luna creciente y la estrella en el cielo.

Tenía poco más de 20 años. Él y su madre eran amigos de una amiga mía. Se habían reunido con Nichole y conmigo y con un amigo mutuo para la cena de Nochebuena. El año anterior, este joven estuvo a las puertas de la muerte. En esa ocasión tomó la decisión de regresar a la vida, una decisión que hizo felices a él y a su madre.

«Mi sueño es también ser un narrador de historias», me escribió en una carta de agradecimiento por aquel día. «Algunas veces me pregunto si ésa fue la razón por la que sobreviví, para devolver algo de lo que había aprendido. Espero que uno de mis propósitos en este mundo sea utilizar la perspectiva que obtuve de la tragedia para iluminar la vida. Creo que lo que nos permite trascender estas experiencias es alcanzar el universo y lo profundo de uno mismo. Eso es lo que nos ayuda a convertir la tragedia en una fuerza vital para nosotros y para los demás. Es lo que nos permite trascender la supervivencia.

Retrocedí mentalmente al comienzo de este viaje en París, cuando había recorrido apresuradamente el Museo del Hombre y el Louvre. Eso era de lo que todo esto se trataba, pensé. Era el comienzo, el arranque, para esta aventura. Aquello me condujo directamente al día de hoy. Aquello estaba todo muy bien. Había visto los temas eternos de la vida sobre este planeta, el nacimiento, la familia, la salud, el matrimonio, la religión, la adivinación y la muerte, y el arte que resulta de toda la angustia y el gozo de esas experiencias, el rico y atesorable arte que llena las salas del Louvre.

La evolución no era algo que hubiera podido ocurrir o no al comienzo del tiempo. Nuestro planeta, la vida y la gente que hay en él, evolucionan continuamente. A medida que desmenuzamos cada situación y cada tema, el trabajo y el arte que creamos incorporan estas experiencias al resto del mundo. Nuestras creaciones nos ayudan a evolucionar, pero nuestras vidas y nuestro trabajo ayudan a otros a evolucionar también.

No sólo estamos aquí para vivir nuestras vidas y para crear nuestro arte. Somos parte del arte que está siendo creado.

Durante mucho, mucho tiempo —en algún lugar del fondo de mi mente—, acechaba la exhortación de dependencia compartida de que si yo realmente amaba a Dios y deseaba, en verdad, servirlo en este planeta, debería de forzarme a hacer votos de castidad y pobreza, y a vivir las vidas de las personas a quienes servía. Ahora, en la habitación del hotel en El Cairo, comencé a ver que eso era, exactamente, lo que muchos de nosotros habíamos estado haciendo durante largo tiempo. Estábamos teniendo el abanico de experiencias y emociones humanas de las personas a quienes serviríamos posteriormente.

Las vidas carentes de dolor, comedia, drama, ironía, romance, sufrimiento, cierta tontería, y un toque de amor desinteresado, serían equivalentes a ver una película sin argumento. No se trata de que la vida sea *sólo* dolor, sufrimiento, drama y tragedia, sino que esos elementos forman parte de ella. Y siempre ha sido así.

Desde la materia prima de estas experiencias surgió el arte que iríamos a crear, el arte de vivir nuestras vidas y el arte que creamos con nuestro trabajo. Muy frecuentemente, las experiencias que deseaba negar constituían la materia prima que me había sido enviada para darle forma y figura, convirtiéndola en verdad y en arte. Nichole estaba en lo cierto. Esta forma de vivir y de crear arte lleva implícita el decir la verdad. Mi nuevo amigo, el que me había escrito una carta, también estaba acertado. Esta forma de vivir, de trabajar y de enfocar nuestras vidas, nos permite trascender la supervivencia y el martirio, e ilumina la verdad a favor de los demás. No se trata del arte de vivir felizmente para siempre. Se trata del arte de aprender a vivir alegremente.

Es el camino de Cristo.

Tengo una amiga, una diva, una cantante de ópera que vive en la Costa Este. En los primeros tiempos de su carrera, cuando era una bella joven, vibraba con el Réquiem de Mozart. Su instructor en la Escuela de Música de Julliard, Leonard Bernstein, le preguntó entonces por qué esa joven que tenía por delante un futuro tan brillante estaba tan interesada en aquella obra tan pesada. Ella le contestó que no sabía, pero que era así. A lo largo de los años continuó cantando. Luego se casó y dio a luz dos hijos her-

mosos. Cuando su hijo pequeño tenía veinte años, se mató en un accidente de motocicleta.

—Ahora sé por qué sentía tanta pasión por el Réquiem —dijo—. Era mi destino entonar aquel cántico desde las profundidades de mi alma. El problema era —continuó diciendo mi amiga, la cantante— que cuando aprendí a cantar el Réquiem con pasión y comprensión, me sentía tan amargada y destrozada que ya no deseaba cantar.

Mi amiga diva me contó otra historia acerca de un compositor que vivió en otra época. Este compositor se consideraba a sí mismo como un artesano, alguien que trabajaba diligentemente en la labor de componer música cada día, del mismo modo en que un encargado de una tienda va a su almacén, o una modista corta y cose vestidos.

El compositor artesano se había encontrado con una pared en cuanto a su creatividad y a su trabajo. Estaba atascado. No podía escribir ni una sola nota. Cierto día, al sentirse atormentado, al no ser capaz de escribir música, abrió la ventana. Desde el exterior escuchó tres notas que alguien tocaba bellamente en un cuerno. Las notas parecían proceder de un granero cercano. Durante varios días, al abrir la ventana, el compositor oía tocar esas mismas tres bellas notas. Finalmente, salió de su habitación y fue en busca del origen de esos tres sonidos apasionantemente bellos. Entonces descubrió, escondido en el granero, a un joven que tocaba el cuerno.

El compositor habló con el joven durante un rato. Se enteró de que el padre del chico le pegaba terribles palizas y no dejaba que el muchacho tocara música. Para evitar las palizas diarias y tener la libertad de tocar el cuerno, el chico se escondía en el granero y tocaba las únicas tres notas que conocía.

El compositor artesano siguió usando esas tres bellas notas como inspiración y base para la siguiente pieza de música que

habría de escribir; el encantador y alegre «Vals de Strauss», de
Johann Strauss.

Algunos de nosotros oímos y aprendemos a cantar un amplio abanico de notas emocionales en nuestras vidas. Otros aprenden a cantar o tocar sólo unas pocas. No tiene importancia la cantidad de notas que seamos capaces de entonar. Lo que importa es que las cantemos lo mejor posible, de la forma más pura, más fina de que seamos capaces. Cuando lo hacemos así, nuestras vidas y nuestro trabajo no sólo llevan sanación al mundo, sino que también nosotros conseguimos sanarnos.

Como remate de las historias que me contó, mi amiga la diva me dijo algo más. Si nos esforzamos y trabajamos para aprender nuestro arte de vivir y de crear con honradez emocional y con alegría, adiestraremos nuestras voces y nuestras almas para cantar el sonido final, alto, resonante que constituye la nota más pura de la escala, la que todas las divas intentan conseguir con tanto esfuerzo.

Es el completo y rico tono de la paz.

En menos de media hora, en el cuarto de mi hotel del centro de El Cairo, una vida entera de insatisfacción había mostrado su cara fea, tal y como era. Era como si un vórtice hubiera estado girando a mi alrededor, purificándome de esas reminiscencias oscuras de mi pasado.

Esos feos secretos emocionales que habían estado enterrados en mí, en realidad, no eran nada nuevo. Había vivido con ellos, por medio de ellos y a pesar de ellos, durante años. Lo que constituía un pensamiento innovador era que podía ser curada, o liberada, de estas creencias y emociones que habían coloreado mi visión y mi espíritu durante tanto tiempo.

No me sentía exaltada ni eufórica. Pero mi estado emocional había mejorado claramente. En el torbellino que siguió mi excursión a la pirámide, mi escepticismo se había disipado. Y también lo había hecho mi desprecio. En su lugar, sentía ahora emoción, una ráfaga de alegría y una sensación de propósito que me había faltado durante largo tiempo.

Algo *había* sucedido dentro de aquella misteriosa tumba. Existía allí un poder. Lo podía sentir y percibir ahora. Este viaje, esta agotadora excursión, me estaba conduciendo a algún lugar. Tenía un *propósito*. Incluso aunque no se *sentía* como si algo hubiese sucedido, algo importante y magnífico había tenido lugar en todo aquello.

En esas tumbas habían estado enterrados misterios, secretos, sabiduría antigua y poderes especiales. Ahora esta sabiduría y estos poderes estaban siendo liberados. Había rozado los bordes de un mundo desconocido.

El misterio de mi vida me estaba siendo revelado.

HASTA AHORA HABÍA ESTADO VIVIENDO con una maleta sin deshacer en una habitación de un hotel céntrico, en El Cairo. Había estado indecisa respecto al tiempo que me quedaría allí y adónde iría después exactamente. Había planificado originalmente terminar mi viaje en Grecia y escribir el libro allí, pero esta parte del viaje todavía no se había materializado.

A pesar de las barreras del idioma, del tráfico insoportable y caótico, la muchedumbre, mis grandes precauciones respecto a los alimentos, mi insistente dolor de estómago y la gran cantidad de personas que pedían propinas, tanto si habían prestado algún servicio como si no, El Cairo, y su suburbio, Giza, se habían convertido en mi hogar.

De inmediato decidí lo que iba a hacer. Existen momentos y lugares de crecimiento espiritual elevado y acelerado. Estaba residiendo en uno de ellos.

Me quedaría en Egipto y escribiría mi libro.

~¿QUÉ TIENE ESCRITO EN ESA hoja de papel que me está ocultando? —demandó la interrogadora en Tel Aviv.

Como un borrego, le mostré las dos palabras escritas a mano en el final de la hoja.

—Arte de Vampiros —le dije—. Eso es todo lo que dice. Es una nota para mí.

—Ya veo —dijo ella.

—Abra su ordenador —dijo—. Quiero ver lo que tiene escrito.

—Con gusto le enseñaría lo que hay dentro de mi ordenador —dije—. Pero no tengo nada para enseñarle. Todavía no he podido comenzar a escribir. Sucedió algo que me hizo cambiar de planes.

Me miró como si no pudiese dar crédito a lo que acababa de decir.

Comencé a titubear en lo concerniente a la continuación de mi historia. Todavía no había logrado comprender por completo el cambio, el cambio que me había arrancado de Egipto y que me había impulsado hacia el interrogatorio, primero en El Cairo y ahora aquí en Tel Aviv.

Lo que todavía no podía explicarme estaba a punto de aclararse.

Capítulo 11

El golpeteo continúa

ESSAM ME HABÍA DADO la dirección de un pequeño hotel en un barrio residencial cercano a Giza. Me había estado insistiendo durante varios días sobre la conveniencia de que me mudara a un hotel menos costoso, en donde me sintiese más tranquila y más en mi casa. Ahora decidí explorar y realizar este cambio.

Cuando iba a dejar el hotel, el gerente me mostró una *suite*. No era nada lujosa; tenía una decoración egipcia sencilla. Pero el precio estaba bien. Costaba casi tanto como un apartamento. Tenía un amplio cuarto de baño, una sala de estar y un dormitorio. Sería un lugar perfecto para escribir. Estaría a sólo unos pocos minutos del desierto. Podría desembalar mi ordenador, disponerlo todo, y alternar momentos de trabajo intenso con sesiones poderosas de meditación en las pirámides.

La antigua energía que había obtenido allí me mantendría muy cargada.

Regresé al hotel en el centro de El Cairo, cerré mi cuenta, y cargué mis pertenencias en un taxi. En lugar de irme directamente al hotel, me dirigí al solar. Deseaba regresar a las pirámides en busca de una nueva dosis de sus poderes.

Dejé mis pertenencias en la perfumería y me monté en un camello para realizar el viaje hasta la pequeña y potente pirámide que había desplegado su energía sobre mí el día anterior. Había guardado ya en la maleta el pañuelo blanco para la cabeza. No creía que fuera necesario usarlo hoy. Pero Essam insistió en que yo debía de usar otra vez el blanco «para obtener los poderes».

Mientras el camello avanzaba por el estrecho sendero que llevaba hasta el desierto, volví a comprar otro pañuelo blanco y me lo puse en la cabeza. No comprendía lo que había tenido lugar en la pirámide. No podía entender cómo el usar un trapo blanco en mi cabeza se relacionaba con este misterio. Pero, innegablemente, lo de ayer me *había* afectado mucho. Deseaba más, incluso si ello significaba hacer el ridículo.

El joven sobrino de Essam me acompañaba otra vez. Le sonreí al mismo voluminoso y curtido guarda de la pirámide, y lo seguí a través de la pequeña abertura en el costado de la tumba. Me descolgué hacia abajo y caminé por los estrechos y curvados pasadizos. El guarda volvió a colocar las cuatro velas blancas en el saliente que rodeaba la pequeña sala, situada en el centro de la pirámide. Seguidamente mi guía y él se marcharon, dejándome sola, para recibir más de aquellos «poderes especiales».

Esta vez me senté en el suelo, con las piernas cruzadas, cerré los ojos, y pedí a Dios que me ayudase. Comencé a meditar, respirando el aire y la energía de este húmedo y misterioso vórtice. En cuestión de momentos, sólo segundos, me golpeó. Entró a través de la coronilla.

La fuerza de la energía me tiró hacia atrás, haciéndome caer al suelo cuán larga era. El vello de mis brazos se me erizó, como electrificado. Desde la cabeza a los pies, este misterioso vórtice giró a mi alrededor con la fuerza de un tornado, cargándome con sus poderes.

Probablemente ayer había ocurrido lo mismo, pero yo había estado demasiado ofuscada con mis propias creencias y mis oscuros residuos emocionales como para poder sentirlo. Hoy lo pude sentir mientras sucedía.

Lo de ayer había sido un paso crítico, una preparación para el día de hoy.

Existen lugares elevados donde podemos acudir para conectarnos con las energías antiguas, con el poder, con la sabiduría que ha permanecido enterrada y oculta a la vista. El propósito de la energía poderosa que era liberada es el de depurarnos, de modo que estos poderes largamente olvidados puedan manifestarse en cada uno de nosotros.

Cuando terminé de meditar, le di una propina al guarda y cabalgué sobre el camello hasta el solar, pagué a mi guía y le di las gracias a Essam. Planifiqué regresar a lo de Essam y a las pirámides al cabo de unos pocos días. Estaba lista para comenzar a trabajar.

Cuando llegué a mi nueva casa, el pequeño hotel cerca de Giza, el propietario me registró y me dio la llave de mi habitación. Tomé el lento y chirriante ascensor hasta el noveno piso, fui hasta la habitación que me habían asignado, y abrí la puerta.

Miré a mi alrededor y mis ojos se abrieron, sin poder dar crédito a lo que veían. La habitación era oscura, del tamaño de un armario grande, en nada parecida al apartamento que me habían mostrado antes. Me acerqué a la única y pequeña ventana, abrí las sucias cortinas y miré hacia fuera. La habitación no solamente era pequeña y oscura, sino que daba directamente a un terreno en construcción.

Esto me trajo un recuerdo, un recuerdo desagradable que había comenzado el verano antes de este viaje.

Había alquilado una pequeña cabaña cerca del mar. Podía oír las olas desde cada una de las habitaciones de mi pequeña casa. El sol cálido de California raramente se ocultaba detrás de las nubes. Podía escribir, caminar por la playa, irme a nadar en el océano después de tomar el café en la mañana. Podía vivir y escribir mis libros, teniendo la naturaleza a mi lado. No era una casa soñada, pero era como el cielo para mí, hasta que comenzaron los golpes.

Todo comenzó con un simple letrero de «se vende» que colocaron en la casa de al lado. Pronto compraron la propiedad unos nuevos propietarios, una amplia mansión que dejaba pequeña a mi reducida cabaña. A los nuevos propietarios no les gustaba la casa y comenzaron una reforma importante. En California, con frecuencia se deja poco espacio entre casas. Su casa estaba a unos pocos metros de mi oficina, de mi dormitorio y de mi sala de estar. Todas las mañanas, el ruido de los martillos, las radios y las voces de los trabajadores me despertaban antes de que lo hiciera mi reloj, que lo tenía puesto a las siete de la mañana. La mayor parte de los días, el ruido se escuchaba como si viniera de mi sala de estar.

Los golpes continuaron día tras día tras día, durante seis y hasta siete días a la semana.

Todo aquello continuaría durante casi un año.

El ruido parecía intensificarse cada vez que me iba a la oficina para trabajar. Incluso las fuerzas sanadoras de la naturaleza

—el sol, el aire fresco y la espumosa marejada— no eran suficientes como para disminuir las colosales fuerzas molestas de los golpes de martillo de los trabajadores.

Pensé en mudarme. Estuve viendo más de cincuenta viviendas diferentes. Pero no se me abrió ninguna puerta. Estaba condenada a vivir cerca de una construcción en marcha. Traté de acostumbrarme a la situación lo mejor que pude, reconociendo el derecho de mis vecinos para hacer reformas, y mi derecho para estar enojada. Pero la combinación de su ruido y mi frustración me bloqueaba para realizar mi trabajo y para vivir en paz.

Ahora, en Giza, mientras miraba hacia fuera desde esta pequeña y oscura habitación y veía aquella construcción grande llena de martillos neumáticos, de rollos de alambre y de voces de obreros, me limité a mover la cabeza. Esto no va a funcionar, pensé. No va a funcionar en absoluto.

Regresé a la recepción y me quejé al gerente.

—Ésta no es la habitación que usted me mostró originalmente —dije—. Quiero una habitación grande igual a la que vi antes. Quiero ventanas para que entre la luz. Y no quiero vivir ni dormir cerca de un lugar en construcción. Tengo planes para trabajar aquí. Se lo dije a usted antes. Necesito paz y tranquilidad.

El gerente, un caballero árabe educado de cierta edad, vestido con un traje, presentó de repente problemas para entender el idioma inglés. Actuó como si no comprendiese, no encontraba las palabras, balbuceaba un poco. Aceptó finalmente darme una habitación mejor, la única que tenía disponible. Naturalmente, tendría que elevarme el precio. Le dije que estaba bien, pero le pedí ver la habitación primero. Me mostró la habitación. Era la misma que había visto en un principio.

Entonces le volví a precisar.

—¿Será tranquilo esto? —pregunté.

—Sí —dijo.

—¿Me lo promete? —pregunté.

—Sí —repitió, asegurándome que la habitación era todo lo que yo deseaba. Trasladé mi equipaje y, por primera vez desde que dejé los Estados Unidos, deshice las maletas. Colgué mis ropas en el armario. Coloqué mis prendas pequeñas en los cajones. Saqué mis productos de baño, mis artículos para el pelo y mis recuerdos. Pasé toda la tarde ordenando mi habitación. Me hallaba a medio mundo de distancia de donde vivía, pero quería sentirme cómoda.

Al día siguiente también desembalé el ordenador. Lo conecté al adaptador eléctrico que había traído para ajustar el voltaje diferente. Luego lo encendí, abrí un nuevo archivo y tecleé una o dos palabras, tratando de coger el hilo. Entonces fue cuando todo comenzó.

Comenzó con un potente golpe. Segundos después, siguió otro. Y luego, otro.

Pronto los golpes se convirtieron en un continuo golpeteo de ritmo irregular que sacudía las paredes, el suelo y las patas de la pequeña mesa ante la que me sentaba mirando mi nuevo archivo.

No sabía quién estaba haciendo este ruido, pero mi irritación fue en aumento con cada una de las sacudidas en el edificio. Me dije que tenía que ignorar el golpeteo. Entonces me comenzó a doler el estómago. Me dolía mucho. Me obligué a enfocarme en la pantalla del ordenador, y traté de escribir algunas palabras. Cuanto más trataba de centrarme, tanto más fuerte sacudía el golpeteo las paredes, y tanto más me dolía el estómago.

¿Qué me está pasando que no puedo enfrentarme a unos cuantos golpes?, pensé. Limítate a volver a empezar, haz tu trabajo e ignora el ruido.

No lo podía ignorar.

Finalmente, aparté la silla de la mesa y caminé hasta el pasillo exterior. Miré a mi alrededor, tratando de localizar el origen del ruido y mi empeoramiento. No tuve que ir muy lejos. La puerta de la habitación contigua a la mía estaba abierta de par en par. Un hombre oscuro, delgado como un junco, estaba sentado en el suelo, a unos pocos centímetros de la pared. En su mano sostenía un enorme mazo, el martillo más grande que yo había visto nunca. Cada pocos segundos, levantaba el mazo sobre su cabeza y le daba un mazazo a la pared. Cada golpe desprendía un pequeño pedazo de la gruesa capa de yeso, duro como el cemento, con la que estaban hechas estas viejas paredes egipcias.

El hombre no se apresuraba con los martillazos, pero los daba con gran fuerza. Parecía como si no hubiese encontrado todavía su ritmo. Todo el agujero que había hecho en la pared medía menos de treinta centímetros cuadrados.

—Perdone —dije.

Miró hacia donde yo estaba.

—¿Cuánto va a durar este martilleo? —pregunté.

Miró alrededor de la habitación y gesticuló.

—Hasta que derrumbe todas estas paredes —dijo.

Respiré profundamente, le di las gracias y regresé a mi habitación.

Traté de volver a mi escritura e ignorar el ruido. No funcionaba. Cuanto más trataba de ignorar los golpes, más fuertes sonaban. Cada vez que escuchaba el golpe del martillo al dar sobre la pared, anticipaba el golpe siguiente.

Me aparté del escritorio y decidí ponerme a meditar. Me tendí sobre la cama, cerré los ojos, relajé mi cuerpo y me dejé sumergir en un estado profundo, casi hipnótico, imaginándome una luz blanca que me rodeaba, tratando de recrear el poder que había sentido surgir a través mío en la pirámide. A medida que me relajé más y más, programé deliberadamente un pensamiento en mi mente: cuando salga de este estado, sabré lo que tengo que hacer después. Entraré profundamente dentro de mí misma. La respuesta que necesito se encuentra allí.

Medité durante casi una hora.

Cuando me levanté, me sentía calmada y serena. El golpeteo continuaba, pero mi ansiedad había disminuido. En sólo unos pocos momentos me llegó la respuesta, aparentemente de ninguna parte. La solución me sorprendió, pero se expresó con claridad cristalina.

Sabía lo que tenía que hacer.

Era el momento de partir. Era el momento de regresar a casa.

Este viaje, y todas las partes del mismo, había sido iluminador y transformador. Pero ya había encontrado mi historia. Ya tenía lo que necesitaba. Estaba cansada de fingir que no me dolía el estómago. El golpeteo iba a continuar; obviamente estaba condenada a que me siguiera por todas partes. Y estaba comenzando a sentir que esta cultura me estaba envolviendo gradualmente, lo cual no era el propósito de este viaje. Por muchas razones —algunas que comprendía y otras que no podía captar—, estaba claro que el mismo vórtice que me había traído aquí ahora me estaba echando.

Me había llevado hasta mis límites. Suficiente, era *suficiente*.

Una extraña sensación se apoderó de mí. Me sentí agitada, casi con pánico. No pude comprender esta sensación, pero sabía lo que quería decir. No me estaba yendo de Egipto de forma normal y sin problemas. Me estaban empujando para sacarme con la misma fuerza con la que me habían arrastrado para venir. No era, simplemente, el momento de marcharse. Era el momento de irse *ahora mismo*. Mi aventura por el Medio Oriente había tocado a su fin.

Fui al teléfono y llamé a Wendy, allá, en los Estados Unidos.

—Ve si puedes sacarme de aquí —le dije. Comprueba si hay un vuelo que salga esta noche.

Wendy prometió llamarme en una hora. Colgué el teléfono y comencé a meter todas mis cosas de cualquier manera en las maletas. Al poco tiempo sonó el teléfono. Esperaba oír la voz de Wendy. Era Essam.

Me preguntaba cómo me encontraba y cuándo volvería al solar otra vez.

Essam me había ayudado mucho para encontrar un lugar en el que quedarme. Tenía planeadas muchas actividades para el resto de este viaje. Sabía que estaba deseoso de que continuara con mi visita. Sabía que se disgustaría con este cambio repentino de planes. Me sentía como tonta después de todo lo que él había hecho. Tenía la esperanza de que no sentiría como si le hubiese hecho de menos, o como si le hubiese traicionado al haber cambiado mis planes.

Una vez, en que me encontraba en un restaurante con Nichole y Will, y aquella trataba de cortar una rebanada de piña, le saltó el tenedor que, tras volar por medio comedor, fue a dar a los pies de otro cliente. Nichole se llevó la mano a la boca y dijo: «Ups.»

Esto es lo que tenía yo que decir ahora.

Essam se mostró triste con la noticia, pero estuvo respetuoso con mi decisión de partir. Le dije que estaba esperando la llamada de Wendy con la información sobre el vuelo. Si podía salir esa noche, pasaría un momento por la perfumería y les diría adiós antes de irme. Colgué el teléfono y continué haciendo las maletas. Cuando había cerrado la última, me di cuenta de que Wendy no me había llamado todavía.

Para entonces, habían transcurrido tres horas.

Me sentí agitada y confusa. Wendy era confiable, se podía depender de ella y siempre realizaba las cosas a tiempo. Hacía exactamente lo que decía que iba a hacer. Aunque se había quedado en los Estados Unidos, me había estado ayudando durante todo este viaje.

La llamé de nuevo. Me respondió inmediatamente.

—¿Dónde estabas? —me dijo—. He estado tratando de llamarte, como habíamos quedado. Todo lo que los de la recepción me decían era que ibas a estar fuera todo el día.

Mi agitación se convirtió en suave paranoia.

—¿Por qué te iban a decir eso? Ellos sabían que yo estaba aquí. He llamado abajo y he hablado con la persona que está en la recepción varias veces. Podía ver cómo iba a suceder todo. Nichole tendría que volar hasta aquí, encontrarme, y buscar la forma de llevarme de regreso a casa. Estaría haciendo una nueva versión del libro *No sin mi hija*, una historia espeluznante de la vida real acerca de una mujer americana que no quiso salir de un país árabe hasta que no pudiera llevarse con ella a su hija. Sólo que Nichole estaría titulando su libro: *No sin mi madre.*

Wendy y yo acordamos por teléfono que, por alguna razón, algo no estaba marchando bien. Y, desde luego, era el momento de irse.

Luego Wendy me comunicó la buena noticia. Me podía sacar en un vuelo, esa misma noche. Volaría de El Cairo a Tel Aviv, y allí me tendría que quedar siete horas. Luego tomaría el vuelo de Air France que me llevaría directamente a Los Ángeles.

No lo pensé dos veces. Si ésa era la puerta que se estaba abriendo, saldría por ella.

—Hazme la reserva —le dije. Si me doy prisa, podré llegar a tiempo.

Pagué la habitación y salí del hotel. Alquilé un taxi, y me fui a Perfumes El Palacio de los Lotos. Había llegado el momento de echar una última mirada al solar. Era el momento de despedirme de Essam.

Le pedí al taxista que me esperase mientras me sentaba en el banco y conversaba durante un momento con Essam. Esta partida repentina era dura para ambos. Nos habíamos convertido en buenos amigos. Le di las gracias por toda su ayuda, su cálida hospitalidad, y por todas las lecciones que me había enseñado. Conversamos sobre cosas que podríamos hacer en el futuro, si volvía alguna vez. Por supuesto que las mujeres querían verme de nuevo, me dijo. Las pirámides me estaban aguardando con nuevos poderes. Y Essam me podía llevar, y a cualesquier otro amigo o familiar que trajera conmigo, a acampar en el desierto, a montar en camellos por la noche y a quedarse a dormir en tiendas árabes, durante los días calurosos del desierto.

Essam se excusó un momento, luego regresó trayendo múltiples regalos. Me dio botellas llenas con arena de colores del desierto, una placa conmemorativa de metal, una estatuilla y tres réplicas en piedra de las pirámides. Coloqué los regalos en mis maletas. Entonces Essam puso en mi mano tres diminutos escarabajos de piedra azul, símbolos de la resurrección, el renacimiento y la vida eterna.

Lo abracé para despedirme, y le dije que regresaría algún día, agregando las palabras *Insha'a Allah*.

Me subí al taxi, y nos dirigimos al aeropuerto. Tuvimos que pasar por Giza y por la mayor parte de El Cairo para llegar hasta allí. Era tarde. El tiempo se agotaba. El tráfico, todavía intenso y descontrolado, iría aumentando constantemente hasta que llegara a su caótico pico vespertino.

—De prisa —le dije al chófer, mientras tratábamos de atravesar el pueblo de Giza.

Se volvió hacia mí.

—¿De prisa? —dijo, imitándome con un acento árabe. Obviamente, no comprendía la palabra.

—Sí —de prisa. Rápido—, dije, haciendo un gesto de apresuramiento hacia delante con la mano.

—Oh. —Asintió con la cabeza en reconocimiento.

—¡Rápidamente!

Me volví para echar una última mirada a las pirámides. Encendidas para la función de la noche, resplandecían místicamente sobre el horizonte del desierto. Me arrellané en el asiento y cerré los ojos, preparándome para el camino que me esperaba. Ahora mi chófer estaba *corriendo* de verdad.

Un pensamiento pasajero cruzó mi mente. *No te relajes demasiado. Este viaje todavía no ha terminado.* Lo ignoré. Lo único que deseaba era regresar a casa.

Llegué al aeropuerto de El Cairo media hora antes de la salida anunciada del avión. Pasé mi equipaje por el primer puesto de seguridad, luego traté de atravesar la horda de maleteros, algunos de los cuales ni siquiera habían tocado mi equipaje, que extendían la mano para que les diera una propina. Un maletero corrió hacia mí y trató de coger el dinero que sobresalía de mi bolso.

—¡Quieto! Me está molestando —grité por lo bajo. —Usted ni siquiera tocó mi equipaje. Ahora, váyase.

Me tranquilicé cuando llegué al segundo puesto de seguridad. Pensé que ya estaba libre y en casa. Pero aquello todavía no había terminado. Una joven de pelo negro se acercó a mí de repente y me llevó a un lado. Ahí fue cuando comenzó el interrogatorio.

Pensé que era una casualidad el que hubiese sido retenida e interrogada en El Cairo. Finalmente, cuando me soltaron, tras haberme derrumbado y haber roto a llorar, no volví a pensar más en el incidente. Simplemente, estaba contenta de que hubiera concluido y feliz de hallarme de camino a casa. Ahora, tras casi cuatro horas de haber sido acosada, mantenida bajo la lámpara y de haberme revisado mis notas y mi ordenador aquí, sé que es algo más que una casualidad —le dije a la interrogadora en Tel Aviv.

Algo está pasando aquí, pensé. Algo más de lo que se puede ver a simple vista.

Al ver mi frustración y mi ira, la mujer de pelo castaño que me había estado acosando cambió repentinamente de actitud. Por primera vez, se mostró simpática y casi humana.

—Siento que esto se esté prolongando durante tanto tiempo, —dijo—. Pero tenemos muchas amenazas de bomba en nuestro país.

—Lo comprendo —respondí. Pensé que esto quería decir que iba a darlo por concluido.

No fue así. De inmediato disparó hacia mí la pregunta siguiente.

—¿Tiene alguna nota más? ¿Algo más que nos pueda mostrar?

¿Por qué tenían que torturarme de este modo? ¿Qué estaba pasando? No lo pude captar la primera vez, pero ahora lo capto mucho menos. Estaba allí de pie, sudando por todos los poros, la *única* persona detenida en el aeropuerto.

Busqué en mi carpeta.

—Aquí está. Esto es —dije—. Esto es todo lo que puedo encontrar. Esto es absolutamente todo lo que he escrito.

—Léamelo —me dijo.

Comencé a leer el pedazo de papel arrugado.

—No trata únicamente de las cosas que hacemos o no hacemos, aunque esas cosas importan. No trata de que haya que hacer siempre las cosas en forma correcta. Y tampoco se refiere, por supuesto, a hacer cosas que los demás nos dicen que debemos hacer. Es acerca de cómo nos amamos y nos tratamos a nosotros mismos; de cómo nos respondemos a nosotros mismos, de cómo hablamos de las cosas que hacemos, de nuestras experiencias vitales, de quiénes somos, y de dónde hemos estado. Trata sobre el darnos a nosotros mismos esa sensación de amable y cariñosa autoaceptación; esa aceptación que hemos venido echando de menos durante tanto tiempo.

—Es el espíritu de las cosas lo que cuenta, después de todo —seguí leyendo—. Y éste es un libro acerca del espíritu del amor por uno mismo.

De repente, estando allí, de pie, leyéndole a la interrogadora lo que había en mi pedazo de papel arrugado, lo capté. Las luces se encendieron en Tel Aviv. Este interrogatorio no era una forma de castigo, ni era una tortura, aun cuando, en realidad, parecía que lo fuera. El mundo no estaba en contra mía. La vida estaba tratando de mostrarme y enseñarme algo.

Se suponía que tenía que contar a mi interrogadora mi historia. Aquello no era una casualidad. *Era una parte importante del libro, del viaje y de mi vida.*

Había estado tan ocupada sintiéndome atormentada que no lo había visto. No lo pude comprender en El Cairo, la primera vez que sucedió. Pero eso no importaba. Las lecciones no se escapan. Siguen repitiéndose hasta que las comprendemos.

En el mismo segundo en que capté esto, cesó el interrogatorio.

La joven sonrió.

—Puede irse ahora —dijo—. Que tenga un feliz viaje.

Llegué a la puerta de entrada de Air France minutos antes de que llamaran para abordar el avión. Mientras bajaba por la rampa que conducía al avión, me di cuenta de que mi mente había omitido algo. Me había olvidado mostrar a mi interrogadora las notas de la entrevista de mi día de viaje a las colinas de los terroristas en Argel.

No tenía sentido volver a destapar la olla, pensé. Había sido un error sincero. Además, perdería el vuelo.

Una vez más, «ups».

Me instalé en mi asiento de la línea aérea más francesa. Francia me había mostrado la belleza de su arte en el Louvre y un curso de historia en los temas eternos de la vida en el Museo del Hombre. Ahora los franceses me estaban mostrando algo más, también. Ellos sabían cómo disfrutar de las buenas cosas de la vida. Incluso había oído que el pueblo francés estaba proyectando una semana de cuatro días laborables. Estaban dispuestos a recibir menor salario para disponer de más tiempo para disfrutar de los placeres de la vida.

La azafata me trajo una taza de café y me ofreció un pastel. Era dorado, ligero, relleno de queso. No tenía que preocuparme por estos alimentos. Tomé un sorbo de café, aspirando su rico aroma, y me arrellané en mi asiento.

Me hallaba de regreso a casa.

Capítulo 12
Graduación

DESEMBARQUÉ DEL VUELO de Air France en Los Ángeles, anticipándome a lo peor mientras me preparaba para pasar la aduana. Mis dos últimas experiencias de seguridad aeroportuaria me habían dejado temblando. Me sorprendí cuando le entregué a la funcionaria de aduanas mi formulario de declaración, pagué sesenta y cinco dólares por derechos, y de inmediato logré entrar en los Estados Unidos, sin ninguna complicación, sin ningún lío ni ningún interrogatorio prolongado.

Un joven maletero me ayudó con el equipaje. Corrí a la puerta de salida. Nichole había prometido estar allí para recibirme. Cuando estaba llegando a la rampa, busqué en mi bolso, saqué mi pañuelo de algodón y me calé mi trapo blanco sobre la cabeza.

Cuando salí a la sección principal de la terminal, Nichole me estaba buscando entre la gente. No me reconoció al principio. Luego sus ojos se agrandaron, al reconocerme, y rompió a reír.

Nos abrazamos. *Ahora sabía que estaba en casa.*

Cierto día, poco después de mi regreso, Nichole me llamó por teléfono. Inició la conversación en la forma en que lo hace cuando me telefonea.

—¿Qué estás haciendo? —preguntó.

—Tratando de imaginármela —le contesté.

—¿Imaginarte, qué? —me preguntó.

—La vida —le dije.

—Como el resto de nosotros lo sabe, y es un gran secreto, no te lo vamos a decir. Bueno, sigue pensando en ello —ironizó—. Dímelo cuándo conozcas la respuesta, y te diré si has acertado.

Aunque estábamos en tono de broma, nuestra conversación resumió mi opinión general sobre el viaje. He hallado muchas *piezas* útiles, inapreciables y esclarecedoras en el Medio Oriente. He hallado la Llave del Poder. Se me han revelado los misterios. Pero, a pesar de mis descubrimientos, algo quedaba todavía fuera de mi vista, fuera de mi captación y, en resumen, fuera de mi alcance.

Todavía no he podido encontrar *el* eslabón perdido.

Una de las primeras cosas que hice cuando regresé a casa fue aclarar mi cabello. Mi amigo y peluquero, Ángelo, que me había oscurecido el pelo para el viaje, comenzó ahora a volverme rubia. Insistía que eso era una parte importante de mi vida, de mi trabajo y de este libro. Me dijo que mi campo *áureo* se me estaba sutilizando, y también me serviría de ayuda tener el cabello más claro durante algún tiempo. No discutí. Ángelo poseía una habilidad innata para sincronizar mi cabello con mi vida. Mi cabello y mi ropa se habían convertido ahora casi en disfraces; importantes, pero disfraces al fin. Por alguna razón, sentía que era natural vestir más informal y volverme rubia.

Me llevó un mes curarme el estómago de los efectos de haber bebido la leche marroquí. También descubrí que lo que requería sanación no era simplemente el haber bebido leche procesada en forma distinta que la que podía asimilar mi tracto digestivo. La totalidad de la excursión había dado origen y había activado un proceso de sanación mucho más profundo. Era irrelevante si, en forma inconsciente, deseaba someterme a esta serie de actividades tan intensas y, con frecuencia, tan sorprendentes. Las ruedas se habían puesto a funcionar. No había posibilidad de que girasen al revés.

La luna creciente y la estrella siguieron apareciendo, en signos, en carteles, en joyas y, ocasionalmente sobre el cielo, a primera hora de la madrugada. Todavía seguía sin comprender lo que significaba este signo. Pero sabía que se trataba de una imagen importante, un símbolo sagrado que hablaba directamente a mi corazón y a mi mente.

Viejos valores atesorados volvieron a surgir a la superficie. *Ama a tu Dios con todo tu corazón, y con toda tu alma, y con toda tu mente. Honra el Sabbath, cualquiera sea el día que tu corazón te diga que es el Sabbath. No seas codicioso. Ama a tu prójimo. Y, tomando la frase favorita de Tommy Boy,* **por el amor de Dios***, acuérdate de amarte a ti mismo.*

Una cosa había sido ver las fuerzas del universo trabajando cuando viajaba por el occidente de los Estados Unidos, y otra el universo danzando ante mí en las naciones infestadas de terroristas, en la otra mitad del globo.

Este viaje había revitalizado mi fe en Dios, en el universo y en mí misma.

Me llevaría meses integrar lo que había aprendido y comprender la importancia de lo que había visto. No era simplemente que había reunido unas cuantas joyas de sabiduría para ser atesoradas en un baúl, para sacarlas y examinarlas cuando me conviniese. Era innegable que había cambiado debido a lo que había visto y experimentado, debido a todo lo que había tenido lugar.

Había sido transformada.

Había pasado una iniciación. Ésta había incluido una revisión y una demostración de lecciones clave del pasado. Pero esta carrera de obstáculos con la que había tropezado también me había revelado claves importantes sobre el modo en que trabajaría la energía en este nivel.

Mientras nos quedábamos parados o corríamos hacia ello, dependiendo del humor del día, nos habíamos embarcado todos en una nueva época.

El nuevo milenio había llegado.

La palabra «misterio» crecía en importancia. Las lecciones y las intuiciones comenzaban a desplegarse con la intriga sutil de la trama de una novela de misterio de Raymond Chandler. Lentamente, comencé a confiar y, algunas veces, a jugar con esta energía, igual que podía participar en un juego de salón. Tratar de saber demasiado, demasiado pronto o antes de que hubiera llegado el momento, creaba una atormentadora lucha interior. Resistirla no conducía a ningún sitio que mereciera la pena ir. Lo único que causaba era dolor.

La palabra «integridad» se convirtió en una palabra clave, también. Cualquier cosa podía suceder en este nuevo nivel, pero no era un tiempo en el que todo valiese. La manipulación, los empujones, los atajos, las negaciones, el disimulo, las intenciones menos que honorables, y las mentiras piadosas surgían a la luz de inmediato. La energía de esta nueva época estaba viva, vibrante, bordeando intuitivamente lo psíquico. Demandaba la verdad.

El apresurarse y correr ya no funcionaba tan bien, o no lo hacía en absoluto. Un ritmo cargado de ansiedad me hacía reducir la velocidad. Podía arrancar corriendo, y luego estrellarme contra una pared. El nuevo compás que prevalecía era persistente y no necesariamente mi propio ritmo. Tenía que aprender a tomarme el tiempo que necesitaba.

Los detalles se volvieron críticos en este acrecentado y acelerado, aunque microscópico, ritmo. Aun cuando el movimiento se sentía a veces demasiado lento, esta nueva energía me arrastraba, trayendo cambio y sanación a alta velocidad, si me tomaba mi tiempo y respetaba cada parte.

Aunque a veces me cansaba de controlar todo lo que comía y lo que hacía, comencé a prestar incluso mayor atención a lo que me resultaba tóxico. Necesitamos estar lo más fuertes y lo mejor posible ante las poderosas fuerzas creativas que han sido liberadas y puestas a trabajar en el mundo.

Un mes después de regresar a casa, cuando mi estómago comenzó a curarse, hice un viaje al bosque de secuoyas, en el Gran Sur. Se suponía que iba a ser una tranquila escapada de fin de semana.

Allí fue donde tuve el inquietante sueño acerca de un alquimista (alguien que tiene poderes mágicos para transformar el plomo en oro) que se había vuelto loco con su hacha. En su afán por transformar sus experiencias vitales en oro, se había partido a hachazos a sí mismo, por error. Su alquimia se le había descontrolado. Ahora, en el sueño, se escondía dentro de la cama bajo las sábanas y la colcha. En su deseo de hacer su brujería, se había cortado a sí mismo en pedazos, con tan mala fortuna que no había dejado casi nada de sí mismo. Se sentía tan avergonzado que no deseaba que nadie viera lo que había hecho.

El sueño me había dejado nerviosa. Recientemente había comprado un hacha para cortar leña para mí fogón exterior. Puede ser que el sueño fuese simplemente una pesadilla causada por haber comido demasiado tarde aquel día, pensé. O quizá el sueño es una advertencia para que tuviera cuidado con mi nueva hacha.

Traté de desecharlo como irrelevante, pero el sueño no me abandonaba.

Lentamente comenzó a desplegarse. Se me erizaron los pelos de los brazos cuando comprendí que lo había captado correctamente. Tras haber viajado alrededor de medio mundo, finalmente encontraba el eslabón perdido.

Todo el tiempo, había sido mío.

En el nombre de Dios, del crecimiento espiritual, y tratando de ser amable y hacer bien las cosas, había dejado de lado, como se lamenta Janis Joplin en su canción, muchos pedazos de mi corazón.

Había entregado mi estima a aquellos que no habían sido capaces de amarme, ya fuese porque no era su destino o porque no era su deseo. «Aquí están, cogedlo», había dicho yo. «Tenéis que tener razón. Debe haber algo en mí, que no marcha.» Nunca había terminado de aprender las reglas, las reglas de cómo ser amada. Me había desprendido de mi poder de amar, de ser amada y, lo más importante, de amarme a mí misma.

A aquellos que me habían traicionado les había dado los mejores pedazos de mi corazón y de mí alma. Les había dado mi esperanza, mi capacidad de realizarme y mi compasión por mí misma. Había renunciado a lo que yo sabía que era mi verdad. Había cedido mi derecho a estar libre de mentiras y de engaños. En lugar de ello, había aprendido a traicionarme a mí misma. Había dado tanto, y me había conformado con tampoco, a cambio. Era un juego mortal, asesino del espíritu. Éstos eran los más preciados pedazos de mi corazón. Dios mío, era hora de volverlos a recuperar.

Era hora de amarme a mí misma realmente.

Había entregado sistemáticamente mi poder a aquellos que decían que sabían más y mejor acerca de lo que era bueno para mí. Había desechado mi capacidad de pensar y de sentir y de tropezar y encontrar mi camino. Había desechado tanto de mi poder, que mi luz casi se había extinguido. Necesitaba recordar que cada uno de nosotros es valioso y tiene algo importante que ofrecer al mundo. Y que *mis* respuestas estaban en *mí*.

Había entregado mi libertad a una serie de cajas y de trampas, desde el dinero, la búsqueda de amor, hasta todos los «tienes», los «debes» y los «no debes», que flotan por todos lados en la sociedad, y que se habían enquistado en mi cabeza. Me había cortado mis propias alas y me había quedado encerrada en una jaula, sintiéndome amargada, impotente y atrapada. No tenía por qué quedarme allí. Sabía volar.

A las oscuras fuerzas de la pena que habían debilitado mi corazón les había dado mi capacidad de experimentar alegría. Había comenzado a creer que la vida se refería solamente a la pérdida. Pensé que se suponía que yo era hiriente y dura. ¿Cuáles eran esas palabras que yo solía creer? «Todo ocurre por el bien. Existe un Plan. Puedo confiar en Dios, real y verdaderamente.»

Había otorgado mi voz a quienes se beneficiarían de mi silencio. Había tantas palabras acumuladas en mi garganta que apenas podía seguir hablando. Me había olvidado de llorar de rabia, de gritar de alegría, de decir «aléjate» o «acércate». Había aprendido a tranquilizarme con habilidad. Me había olvidado de cuán importantes son mis palabras. Había llegado la hora de comenzar a articular mi papel.

Había aprendido a no darme cuenta de demasiadas cosas. Había perdido mi bastón. Todos tenemos mucho poder emocional y espiritual. Necesitaba recordar lo que era importante, no sólo para los demás, sino para mí. Es útil para todos cuando le decimos a la gente que se detenga.

A todas las personas que no me habían dado protección, les había entregado mi derecho a sentirme segura. Había olvidado cómo confiar en la vida y en mí misma, de sentirme segura y fuera del camino del mal. Pensaba que tenía que sentirme atemorizada y en guardia. Era hora de recuperar mi paz. Sabía cómo protegerme a mí misma.

A aquellos que no me habían querido —o, al menos, no en la forma en que deseamos ser queridos—, les había dado mi derecho de estar aquí. Puede ser que no me hubiesen elegido a mí, pero yo podía elegir por mí misma. Todos los que nos encontramos aquí ahora hemos elegido estar aquí durante este tiempo de transformación. *Somos los elegidos.*

A todos mis sueños que se han hecho pedazos y se han perdido les he dado mi capacidad de soñar nuevamente. No pensaba que hubiese ningún otro lugar nuevo donde ir. No creía que quedara algo que mereciera esperanza. Una parte importante de mí había muerto. Me había olvidado de cómo desear. Pensaba que los sueños eran algo estúpido y sólo para los débiles, no para la gente que tenía sentido. No creía que todavía quedase algún premio o, al menos, no en este mundo, no para mí. Era hora de recuperar mi sentido de la admiración y de la sorpresa. Deseaba echar monedas en la fuente otra vez y pensar un deseo al ver una estrella fugaz.

Ahora que sabía lo que echaba de menos, deseaba recuperar todos aquellos pedazos.

No debemos conformarnos con una pizca menos de lo que merecemos, y nuestro derecho de nacimiento es ser totales, completos e intactos. Lo que necesitamos saber no es lo malos que hemos sido, sino lo maravillosas que son nuestras almas y nuestras vidas.

Al poco tiempo de mi descubrimiento en Big Sur, Nichole me telefoneó al hotel. Tenía noticias que estaba ansiosa por contarme. No podía esperar hasta que yo llegara a casa.

—El Maestro Huang regresa a la ciudad —dijo—. Es el momento de que consigas tu Tao.

Había estado esperando esto durante mucho, mucho tiempo.

La iniciación estaba completa. Había pasado la prueba.

El mensaje final del viaje estaba a punto de volverse claro: *Si piensas que la vida se ha vuelto una carrera de obs-*

táculos, no pierdas tu fe. Si todas las antiguas puertas parecen es-
tarse cerrando, una nueva puerta se abrirá de par en par. Ésta será
la puerta hacia una nueva dimensión de la vida.

A las tres de la tarde del día 3 de marzo, de 1996, estaba atravesando la puerta principal de la Santa Casa
de Venecia, en la playa Venecia, California. El jardín
de delante mostraba un paisaje pacífico, era un jardín
zen. La casa olía deliciosamente agradable con todos
los exquisitos platos vegetarianos que se habían coci-
nado y dispuesto como preparativo para la fiesta.

Nichole me acompañaba. Toda la tarde estuvo a mi
lado. Ella había pasado ya por esto. Me serviría de escolta y de guía, y daría testimonio de mi carácter cuando comenzase la ceremonia.

A las tres y media de la tarde de ese día, mi nombre
completo, incluyendo mi nombre de soltera, Melody
Lynn Vaillancourt Beattie, fue anotado en el Libro de la
Vida. Me dijeron que ese registro era una formalidad;
que había estado siempre allí. Tras escribir cuidadosamente mi nombre, el hombre que recogía la información, el asistente del Maestro Huang, me pidió que fuese a la habitación del fondo de la Santa Casa.

La ceremonia estaba a punto de comenzar.

Primero los hombres, luego las mujeres, fueron lla-
mados por su nombre para acercarse al frente de la sala.
Cuando escuché mi nombre, tomé discretamente un lugar
en la última fila de las mujeres que estaban arrodilladas
ante el altar. La mujer que ayudaba al Maestro Huang,
una china que no hablaba inglés, me señaló que cam-
biase de lugar con alguien que estaba delante. Me pidió
que me sentara delante del incensario, el mismo lugar
que le habían asignado a Nichole cuatro meses antes.

Con dificultad, fui siguiendo aquella liturgia repetitiva, imitando los sonidos y repitiendo las palabras en chino lo mejor que podía. El Maestro Huang se acercó entonces a cada uno de nosotros, uno a uno. Puso su mano sobre mi cabeza y me preguntó si estaba lista para dar este paso. Le dije que así era. Entonces anunció que había recibido oficialmente mi Tao.

Tras quedarse un momento con cada uno de los que formábamos el grupo, el Maestro Huang nos dijo que así como las velas que estaban sobre el altar ardían con una llama brillante, así era ahora la luz que cada uno de nosotros llevaba en su interior. Nuestro karma había terminado. La reencarnación cesaría. Habíamos alcanzado y logrado el estado que los antiguos denominaba iluminación.

Nos pidió que regresáramos a nuestros asientos.

Muy lentamente, de modo que pudiéramos comprender su acento chino, el Maestro Huang nos dio los Tres Tesoros. Nos los explicó cuidadosamente, trazando su origen hasta las fuentes bíblicas. Luego cada uno de nosotros hizo un voto de secreto.

Los Tesoros no nos los habían dado para ser revelados.

El Maestro Huang nos dijo que era hora de sonreír. Que habíamos recibido en este momento las llaves del Reino de los Cielos, *del Paraíso*, en el más allá y en este mundo.

A continuación, dijo lo siguiente:

—Durante miles de años, en este planeta, la iluminación ha sido otorgada a unos pocos solamente. A lo largo de la historia del hombre ha habido normalmente un solo ser iluminado sobre la tierra en cada época.

Ahora que está llegando el nuevo milenio, la iluminación será otorgada a las masas.

—Se trata de un don de los tiempos. Y un signo de los tiempos.

—La iluminación está ahora disponible para todos

—Una a una, se irán encendiendo las luces por todo el globo, hasta que la brillantez de este planeta resplandezca.

Cuando llegué a casa ese día, sabía que acababa de tomar parte en una ceremonia sagrada e importante, pero todavía no tenía certeza de su significado exacto. Las palabras del Maestro Huang se habían fijado en mi mente. «No tienes que preocuparte ni hacer preguntas. A cada persona se le dirá lo que tiene que hacer.»

Me fui a acostar temprano aquella noche. Estaba exhausta, pero cansada en el buen sentido. Cuando empezaba a quedarme dormida, comenzaron a soplar otra vez los Santa Anas. Los vientos rodeaban la casa como un remolino, lo mismo que lo habían hecho antes de que iniciara este viaje. Soplaban tan fuertemente que las ventanas se sacudían, las puertas vibraban y el pájaro comenzó a temblar.

A la mañana siguiente, la primera cosa que hice fue verificar el exterior de la casa. Los vientos se habían llevado el cubo de la basura otra vez.

—Hasta aquí hemos llegado —dije—. Ésta es la última vez que me sucede esto.

Me fui rápidamente a la ferretería y compré un cubo nuevo y una cadena larga y delgada. Aseguré la cadena alrededor del cubo de la basura, fijándola con varios nudos bien apretados, luego la fijé al poste del correo.

—Ya está —dije, clavando el último clavó—. Esto resolverá el problema de una vez por todas.

Nunca había comprendido lo que significaba el karma, al menos no en la forma que un periodista necesita saber. No estoy segura de si se trata de causa y efecto, de negocios pendientes, o de la consecuencia espiritual de algo de lo que no podemos acordarnos pero que, de todas formas, hemos hecho. No estoy segura de si el karma es justicia espiritual, el efecto bumerán o simplemente el modo en que el universo recupera, por sí mismo, el equilibrio.

Todavía no sé, no sé en la forma en que un periodista necesita saber, si vivimos muchas vidas o sólo una. Sé que mucha gente ha experimentado tantos cambios que es como si hubieran tenido varias vidas en una.

Puede que necesitemos seguir reciclándonos una y otra vez, hasta que encontremos todas las piezas perdidas y, finalmente, las recuperemos.

No sé lo que significa estar libres de karma, ni si realmente yo lo estoy. Puede que signifique que podemos dejar que los vientos se lleven todas nuestras emociones y creencias, *todo lo que bloquea nuestro poder.* Existe un camino superior y otro inferior que conducen a cualquier lugar al que deseemos ir. La energía de estos tiempos ofrece la libertad de escoger esa ruta superior.

Nichole entró en el garaje al tiempo que yo estaba verificando la fuerza de la nueva cadena que aseguraría mi cubo de la basura. Parecía que iba a aguantar bien.

—¿Te lo has imaginado ya? —preguntó, siguiéndome mientras bajábamos las escaleras.

—¿Imaginado, el qué? —dije.

—La vida. El libro. Ambos —dijo.

Ahora me tocaba a mí sonreír.

— Todavía sigue siendo un misterio para mí.

EN EL CUMPLEAÑOS DE WILL, él y Nichole vinieron a casa. Algo especial estaba ocurriendo ese fin de semana; lo podía sentir en el aire. Nichole y Will salieron a dar un paseo por la playa. Ése era el lugar donde se habían encontrado por primera vez.

Cuando regresaron a la casa más tarde, esa noche, Nichole se sonrió —no, se *mostró radiante*— y me mostró su mano izquierda. En ella lucía ahora un resplandeciente ópalo como anillo de compromiso. Los chicos y yo nos abrazamos, y gritamos y hablamos y reímos. Entonces Nichole sacó la tarta de cumpleaños de Will.

Will sopló y apagó todas las velas excepto una, una vela especial que no podía apagar por más que tratara de soplar a la llama.

—Esta vela es como nosotros —dijo Nichole, mirando alrededor de la sala—. No importa lo que hagamos para apagarla, la llama sigue encendida y brillando.